Gabi Köpp

Warum war ich bloß ein Mädchen?

Gabi Köpp

Warum war ich bloß ein Mädchen?

Das Trauma einer Flucht 1945

Mit einem Nachwort von
Dr. Birgit Beck-Heppner

Herbig

Bildnachweis:

Alle Bilder aus dem Archiv der Autorin, außer:
S. 47, 69, 92: Haus der Geschichte, Bonn

Meinen Patenkindern
Stephan, Corinna, Katharina, Helga, Christiane,
Ulrich, Kocku und Melanie

Besuchen Sie uns im Internet unter:
www.herbig-verlag.de

© 2010 by F. A. Herbig Verlagsbuchhandlung GmbH, München
Alle Rechte vorbehalten
Umschlaggestaltung: Wolfgang Heinzel
Umschlagbilder: Archiv der Autorin (oben); akg-images, Berlin (unten)
Herstellung und Satz: VerlagsService Dr. Helmut Neuberger
& Karl Schaumann GmbH, Heimstetten
Gesetzt aus der 10/13 Punkt Sabon
Druck und Binden: GGP Media GmbH, Pößneck
Printed in Germany
ISBN 978-3-7766-2629-2

Inhalt

Prolog

»Sie kann dich ja gar nicht verstehen – sie kennt deine Geschichte doch nicht« – dieser Gedanke war es, der mich in der Vorweihnachtszeit des Jahres 1990 motivierte, nun endlich auch meiner mittleren Schwester Barbara von meiner Flucht zu erzählen; für sie niederzuschreiben, was ab den Mittagsstunden des 26. Januar 1945 geschehen war, nachdem ich als Fünfzehnjährige zusammen mit unserer ältesten Schwester Juliane das Elternhaus in Schneidemühl verlassen hatte. Nicht freiwillig hatte ich all die Jahrzehnte darüber geschwiegen. Meinem dringenden Bedürfnis, nach Ende meines langen Fluchtweges aus der Grenzmark Posen-Westpreußen bis zur Freien und Hansestadt Hamburg mit meiner Mutter über die Ereignisse zu sprechen, stand stets deren Bitte entgegen: »Sprich nicht darüber, schreib es auf.«
So entstand bereits im Sommer 1946 ein rückblickendes Tagebuch über die ersten zwei Wochen meiner Flucht im Januar/Februar 1945. Geschrieben noch in fast kindlicher Sütterlinschrift auf alten Feldpostbogen, die mir Bekannte geschenkt hatten. Denn Papier gab es so kurz nach dem Krieg noch nicht wieder zu kaufen. Auch nicht für Schüler, was beispielsweise dazu führen sollte, dass ich meine Mathematik-Hausaufgaben auf Resten von Fotopapier löste, welches auf der einen Seite äußerst lichtempfindlich war. Ein lustiger Effekt:

Während ich auf der lichtunempfindlichen weißen Seite schrieb, errötete die Rückseite zusehends. Was die alten Feldpostbogen anging, sie waren für die Besitzer meist uninteressant geworden. Ihr Dienst, den sie in langen Kriegsjahren erfüllt hatten, war nicht mehr gefragt. Die Bogen bestanden aus tintenfestem grau-weißem Papier im DIN-A5-Format, dessen Innenseite rundum mit einem Klebefalz versehen war, wohingegen die Außenseite vorgefertigte Felder für Adresse und Absender aufwies. Einmal zusammengefaltet und zugeklebt, ergaben die Blätter die damals gängigen kleinen und leichten Feldpostbriefe.

Wer mein Tagebuch aufschlägt, mag sich fragen, wie ein Flüchtlingskind in jener frühen Nachkriegszeit an eine Füllfeder kam. Die Erklärung ist so einfach wie auch bezeichnend für einen hektischen Aufbruch vor der nahenden Front. Meine Mutter, die unser Haus nur wenige Stunden nach uns Hals über Kopf verließ, entdeckte beim letzten Herumschauen meinen grünen Pelikan-Füllfederhalter. Sich meiner Schreibfreude erinnernd, steckte sie ihn kurzerhand ein und konnte mich fünfzehn Monate später mit meinem geliebten Schreibutensil überraschen.

Auch der kleine, mit Liebe gefertigte Ringordner, in den ich die Blätter des Tagebuches abheften konnte, ist typisch für die ersten Jahre nach dem Krieg. Geschickte Hände Arbeit suchender Menschen entdeckten in ihrer Not den Verkaufswert selbst gemachter Gebrauchsgegenstände. Konnte man bei einem Nachbarn kleine wertvolle Stoffreste zum Beziehen schlichter Holzkleiderbügel erbitten, so beim anderen vielleicht ein Stück verwertbarer Tapete und Klebestreifen finden, womit sich, wie in meinem Fall, ein alter unansehnlicher Ringhefter in einen hübschen neuen verwandeln ließ. Die große Fantasie der Nachkriegsbürger, die zuerst allerlei Gegenstände für den Hausgebrauch schuf, floss schließlich in die neu entstehende Industrie ein. Nicht nur in den Werkstätten und Fabriken fanden immer mehr Menschen Arbeit, sondern auch im Handel. Meine Mutter bekam eine Stelle als Verkäuferin in einem Kunstgewerbegeschäft und konnte so für die stabile Hülle meiner niedergeschriebenen Erinnerungen sorgen: Ein kleiner gelb-weißer Hefter mit lustigen braunen Noppen und hellgrauem Leinenrücken wechselte in meinen Besitz.

Zeit zum Schreiben fand ich damals nur abends, da ich nach fast zweijähriger Unterbrechung wieder zur Schule ging und ein Hamburger Mädchengymnasium besuchte. Doch ungestört zu schreiben war kaum möglich in dem einzigen Flüchtlingszimmer, das uns drei Frauen – Mutti, Barbara und mir – über sieben Jahre zur Verfügung stand. Aber das war nicht der Grund dafür, dass dieses Tagebuch nach dem vierzehnten Tag der gut fünfzehnmonatigen Flucht abrupt abbricht. Es waren vielmehr immer wiederkehrende Albträume, erzeugt durch das intensive Erinnern an schreckliche Erlebnisse, die mich zwangen, erst einmal ruhen zu lassen, worüber ich nicht laut sprechen durfte. Rückblickend stelle ich heute fest, dass mein Atem damals für dieses zeitgeschichtliche Dokument instinktiv so lange reichte, bis der schlimmste Abschnitt meiner Flucht im Nacherzählen überstanden war. Was danach kam, dafür hatte ich keine Kraft mehr. »Schreib es auf«, waren die Worte meiner Mutter gewesen. Las sie meine Notizen später auch? Selbst heute, über sechzig Jahre danach, kann ich lediglich vermuten, dass sie es zumindest stellenweise heimlich tat – verriet sie es mir doch Jahre später durch eine spontane Frage, die ausschließlich der Kenntnis meiner Aufzeichnungen entspringen konnte. Doch meine Schwester Barbara, die das gesamte Nachkriegsleben mit meiner Mutter auf engem Raum teilte und selbst von meiner traumatischen Flucht erst spät durch mich erfuhr, widersprach dem bis zuletzt vehement. Tatsächlich war und blieb mein Fluchttagebuch ein heißes Eisen in unserer kleinen Familie. Als hätte ich etwas Unrechtes getan, wurde zum Tabu erklärt, wovon die kleinen, dicht beschriebenen Seiten Kunde tun. Dies war mit der Grund, dass ich meine Aufzeichnungen jahrelang in einem Tresor verwahrte.

Erst zum 60. Jahrestag der Befreiung des Konzentrationslagers in Auschwitz holte ich im Januar 2005 die alten Feldpostbogen in dem Nachkriegshefter zurück ans Tageslicht. Ich wollte wissen, was ich zu jenem fernen 27. Januar 1945 niederschrieb, den ich als dunkelsten Tag meines bisherigen Lebens in Erinnerung hatte – nichts wissend von Auschwitz und der Befreiung. Ängstlich zögernd begann ich, die gut erhaltenen kindlichen Schriftzüge zu lesen. Alles, was ich für meine Schwester aus der Erinnerung niederschrieb, entsprach der Wahrheit, in dieser Dokumentation der ersten zwei Fluchtwochen schwang noch spürbar die unmittelbare Nähe zum Erlebten mit.

Wer aber von den inzwischen Nachgeborenen ist noch der Sütterlinschrift kundig?, fragte ich mich – und dachte dabei nicht zuletzt an meine acht Patenkinder. Als zeitgeschichtliches Dokument wollte ich lesbar

»Vorläufige Kennkarte« – *ausgestellt im Juni 1946 in Hamburg*

wissen, was ich einst in der Hoffnung niederschrieb, dass irgendwann doch jemand lesen möge, worüber ich in der Familie schweigen musste. So übersetzte ich in den Computer, was in seiner handschriftlichen Urform vor zwei Jahren als Leihgabe im Bonner Haus der Geschichte der Bundesrepublik Deutschland einen sicheren Platz fand. Dort ist mein Tagebuch gut versorgt, wurde also nicht vergeblich geschrieben.

Meine Erinnerungen jedoch sind weitaus facettenreicher, als schriftlich festzuhalten mir seinerzeit als knapp Siebzehnjährige möglich war. Damals stand ich unter dem Schock des Erlebten, der sich erst drei Jahrzehnte später Schritt für Schritt zu lösen begann, als es mir gelang, das mein Leben Überschattende einem Psychoanalytiker anzuvertrauen. Mit diesem Buch soll deshalb aus heutiger Sicht mit anderen Worten noch einmal beleuchtet und vervollständigt werden, was in Bonn hinterlegt ist. Das, was ich als Jugendliche für überflüssigen Ballast hielt, soll hier zur Sprache kommen. In einer Zeit, in der den zivilen Opfern des Kriegsendes nicht mehr das Unrecht angetan wird, sie zu Tätern zu stempeln.

Im Folgenden sind Zitate aus dem handschriftlichen Original meines Fluchttagebuchs durch Kursivdruck hervorgehoben.

Der Vorabend

Bereits seit Tagen flüchteten Landbewohner aus östlicher gelegenen Gebieten. Mit schweren Fuhrwerken zogen die Bauern durch meine Heimatstadt Schneidemühl, die in der ehemaligen Grenzmark Posen-Westpreußen lag. Die Trecks bestanden überwiegend aus großen Kasten- oder Leiterwagen; unter schützenden Zeltplanen war alles geladen, was die Flüchtlinge von ihrem Hausstand zu retten hofften. Müde, meist alte Pferde hatten es auf dem schneeglatten Pflaster schwer, ihre Last zu ziehen. Trotz des beängstigenden Anblicks hatten wir Einheimische aber keine konkreten Fluchtpläne, war es uns doch strikt verboten, die Stadt zu verlassen. Lediglich für die wegen der Luftangriffe in Deutschlands Westen nach Ostdeutschland evakuierten Menschen – wir nannten sie »Umquartierte« – galt eine Ausnahme. So waren sie teilweise schon wieder aus Schneidemühl Richtung Westen aufgebrochen, als auch in unserer Familie am Abend des 25. Januar 1945 eine Abreise für den nächsten Tag besprochen wurde.

Meine älteste, neunzehnjährige Schwester Juliane war fünf Tage zuvor aus dem bedrohten Posen zu uns gestoßen. Ihr Bericht über das hektische Chaos auf dem dortigen Bahnhof ließ uns erahnen, was auch uns bevorstehen konnte. Unser großes Haus, in dem wir zeitweise auch Umquartierte aus Stettin und Castrop-Rauxel aufgenommen hatten, war nun fast verlassen; außer meiner Mutter, Juliane und mir bot sein breites Dach nur noch unserer treuen Köchin Hedwig sowie der jungen Alexa aus der Ukraine, unserer lieb gewonnenen Haushaltshilfe, einen Schutz. Mein Vater war früh verstorben und meine mittlere Schwester Barbara schon seit den vergangenen Herbsttagen nicht mehr zu Hause gewesen. In diesen Januartagen befand sie sich im fast beneidenswert fernen – und deshalb sicheren – Heringsdorf auf der Ostsee-Insel Usedom, wo sie ihren Kriegsdienst versah. Dass auch die dortige Sicherheit trügerisch war, so weit in die Zukunft zu denken, war uns an diesem 25. Januar nicht möglich.

Es war schon spät, als Tante Liselotte zu uns kam. Sie war Onkel Willis Tochter aus erster Ehe und lebte seit einigen Monaten mit ihren drei kleinen Söhnen in der Schneidemühler Villa ihres Vaters. Dort suchten sie Schutz vor den Bombenangriffen auf ihr heimatliches Magdeburg. Onkel Willi Kraeuter, einst Kollege meines Vaters, hatte in zweiter Ehe dessen Schwester Marianne geheiratet. An diesem 25. Januar hatte es im Haus der Verwandten eine Krisensitzung gegeben, deren Ergebnis uns Tante Liselotte nun mitteilte. Sie als Umquartierte habe eine Bescheinigung erhalten, die sie mit den Kindern zum Verlassen unserer Stadt berechtigte. Zwar kontrollierten am Bahnhof nach wie vor die als »Kettenhunde« gefürchteten, politisch geschulten Soldaten die Ausreisenden, doch war Tante Liselottes Bescheinigung geeignet, Juliane als ihre Schwester und mich als ihre Tochter einzutragen. »Kettenhunde« nannte die Bevölkerung die Wachsoldaten hinter vorgehaltener Hand deshalb, weil diese an einer groben Halskette fast brustbreite Metallschilder mit der Aufschrift »Feldgendarmerie« trugen. Mit diesen Leuten, das wusste man, war nicht zu spaßen.

So sollten Juliane und ich morgen mit den Magdeburgern vorfahren, während die Kraeuters hofften, später mit Mutti in einem Lkw die Stadt verlassen zu können. Meiner Schwester wie auch mir war nicht wohl bei dem Gedanken, ohne unsere Mutter ins Ungewisse zu flüchten. Ich erinnere mich noch heute an Julianes nervöse Unruhe, die sie ab dieser Abendstunde beherrschen sollte. Ich dagegen reagierte eher mit Verschlossenheit, da ich mich als Fünfzehnjährige den Beschlüssen der Erwachsenen zu fügen hatte. Was in meiner Mutter vorging, als sie sich mit Liselottes Plan einverstanden erklärte, vermochte ich weder damals zu beurteilen, noch kann ich es heute. Seit dem frühen Tod unseres Vaters neigte sie dazu, sich einer gewissen »Fremdbestimmung« durch die Verwandten zu beugen. Ganz sicher aber hoffte sie damals, dass ihre Töchter durch den früheren Aufbruch eine größere Chance hatten, der gefürchteten Roten Armee zu entkommen, als sie selbst. Dass dann das Umgekehrte eintrat, wurde zum tragischen Schicksal meiner Mutter. Sie und die Verwandten verließen jedenfalls nur wenige Stunden nach uns in einem Sanitäts-Lkw den Raum Schneidemühl in nordwestlicher Richtung. Unbeschadet gelangten sie bis zu einer weit westlich gelegenen Bahnstation und von dort sicher nach Berlin. Nach einigen Tagen vergeblichen Wartens auf eine Nachricht von uns verließ Mutti Berlin und reiste weiter zum zweiten vereinbarten Treffpunkt Hamburg. Dort fand sie warmherzige Aufnahme bei den besten Freunden ihrer Eltern. Die großzügige

Villa in Alsternähe bot in den letzten Kriegswochen so manchem von Ost nach West gespülten menschlichen Strandgut mehr als nur ein Dach über dem Kopf.

Mehr weiß ich nicht von der Flucht meiner Mutter. Und selbst dies erfuhr ich nicht von ihr, sondern erst nach ihrem Tod von Barbara. So wie einst meine Mutter mich bat, »davon« nicht zu sprechen, schwieg auch sie selbst mir gegenüber. Eine Scheu hielt mich zurück, mit Fragen in sie zu dringen. Nie auch erwähnte sie nach Ende des Krieges in meiner Gegenwart den Namen »Juliane«. Mir schien mitunter, als hätte meine Mutter eine Jalousie vor allem hinuntergelassen, was einst unser Zuhause aus-machte – zum Selbstschutz. Doch glaubte ich lange, hoff-te es auch, dass Barbara mehr wüsste. Schließlich be-gegneten sich die beiden doch wenige Wochen nach Muttis Flucht in Hamburg, lebten seitdem nahezu in einer Symbiose. Und sprachen nicht über die Flucht?

Doch zurück ins Jahr 1945 nach Schneidemühl. Julia-ne und ich überlegten jede für sich, was wir als Mini-malgepäck mitnehmen sollten. Was meine Schwester betrifft, erinnere ich mich lediglich an diesen kleinen Handkoffer aus dunkelbraunem festen Leder, den meine Mutter als Wertkoffer zusammenstellte. Wich-tige Papiere enthielt er und Schmuck, an dem meine Mutter besonders hing, wie beispielsweise die goldene Taschenuhr unseres Vaters. Auch meine von Omi Brück ererbte goldene Armbanduhr fand Platz im Kof-fer, und vor allem mein Sparbuch, das ein Guthaben von etwa 300 Reichsmark auswies. Seit ich als Zwölf-jährige in den ersten gemeinsamen Ferien mit unserer Mutter die Berge kennen und lieben gelernt hatte, stand mein Sparziel fest: eine Fahrkarte nach Tirol.

Das »rote Zimmer« im Schneidemühler Elternhaus

Als eigenes Gepäckstück suchte ich meinen »Affen« hervor. So wurden die Rucksäcke der Hitlerjugend genannt, deren rechteckige Verschlussklappe mit einem braunen Kunstfell versehen war, das einem Affenfell ähnelte. Mein Affe, erst in fortgeschrittener Kriegszeit erworben, war nicht mehr von der originalen Art, sondern bestand durchweg aus rötlich eingefärbtem groben Zeltleinen. Der Stauraum hatte die rechteckige Form der Klappe. Da ich den Ruf genoss, ein Künstler im Verstauen vielen Gepäcks in wenig Volumen zu sein,

17

sollte ich dort alles, was ich brauchte, unterbringen. Mein zweites Gepäckstück war ein Brotbeutel, der dem der Soldaten nachgearbeitet war. Ebenfalls aus grobem Zeltleinen gefertigt, könnte man ihn als Vorläufer heutiger großer Umhängetaschen bezeichnen. Der Beliebtheitsgrad war jedenfalls vergleichbar.

Ich kann mich nicht entsinnen, an jenem letzten Abend zu Hause groß mit meiner Mutter gesprochen zu haben. Weder beriet sie mich beim Packen, noch nahm sie die letzte Chance wahr, mich angesichts der Flucht und bedrohlichen Situation aufzuklären. Als ich sie Jahre später fragte, weshalb sie dies versäumt habe, war ihre Antwort: »Wieso? Du hast mich doch nicht gefragt.« In gewisser Weise ließ sie mich ins offene Messer laufen.

Was genau ich im Affen verstaute, ist mir entfallen. Dass unter den Utensilien im Brotbeutel auch eine begonnene Strickarbeit war, vergaß ich dagegen nicht. Fingerhandschuhe hatte ich zu stricken begonnen, um damit irgendjemandem eine Geburtstagsfreude zu machen. Auch an eine kleine Dose Fleisch, die als Notproviant im Brotbeutel landete, erinnere ich mich. Und wichtig, deshalb griffbereit: Zahnbürste und Zahnpasta.

Gemeinsam berieten wir Schwestern, uns durch doppelte Übergarderobe gegen die außergewöhnliche Januarkälte zu schützen. Ich hatte zwei Mäntel zur Verfügung. Der eine war für mich vor Kurzem aus Vatis altem Soldatenmantel aus dem Ersten Weltkrieg geschneidert worden. Dieser war seit Kriegsende, regelmäßig gepflegt, in einem der großen Schränke auf dem Speicher aufbewahrt worden, bevor sein graugrüner Wollstoff mir angepasst wurde. Selbst der kleine dunkelgrüne Kragen war original und hatte einst Vatis Kleidungsstück geziert. Über diesen Mantel passte ein weiterer, lose geschnittener flauschiger pflaumenblauer, den ich von Tante Marianne geerbt hatte. Besonders stolz war ich jedoch auf meine Skihose, auch diese aus einem alten Stück meines Vaters gearbeitet. Die ehemaligen sportlichen Knickerbocker waren aus grün-schwarzem Wollstoff im Fischgrätenmuster. Und mein Schuhwerk? Auch dort eine Anleihe an Altes. Tante Marianne überließ mir ihre wasserdichten braunen Lederskistiefel, welche sie als junge Frau anlässlich einer Winterreise in München erworben hatte und jetzt nur noch verwahrte. An den Pullover erinnere ich mich ebenfalls, den ich an dem Abend für den nächsten Morgen zurechtlegte. Selbst gestrickt hatte ich das gute Stück aus alter, aufgetrennter dunkelblauer Wolle. Das in der Passe eingearbeitete rote Motiv zeugte von meiner damaligen Vorliebe für Norwegerpullover. Das Elchmuster hatte ich einer Strickvorlage entnommen.

Meine letzte Fluchtvorbereitung galt der Sorge um zwei Besitztümer, die ich zurücklassen musste. Da war zum einen mein Werkzeugkasten. In einer stabilen Holzkiste schlummerten meine Schätze, zuoberst der nagelneue Hobel. Wohin damit, um sie vor möglichen Plünderern zu verbergen? Ich entschied mich für einen relativ – so glaubte ich – sicheren Platz im Luftschutzkeller. Auf unserem Hof suchte ich zunächst nach ein paar großen Steinen, um die Kiste vor der Bodenfeuchtigkeit zu schützen, ordnete diese in der dunkelsten Kellerecke hinter dem Feldbett zu einem rechteckigen Podest an und stellte meinen Schatz auf diesem ab. Das zweite, was mich umtrieb, war die blau-weiße Schreibmappe, die mir Juliane gebastelt hatte. Mangels einer besseren Idee ging ich in unser ehemaliges Kinderschlafzimmer, in dem noch das alte Ehebett stand, einst die Schlafstatt von Juliane und Barbara, als ich mich noch mit einem Kinderbett begnügen musste. Ich hob die schwere Rosshaarmatratze hoch und schob behutsam meine erste Schreibmappe darunter. Für ein sicheres Versteck hielt ich den Platz nicht, doch schien mir die Lösung immer noch besser, als meine Mappe offen auf dem Tisch liegen zu lassen.

Auch an diesem Abend verließ Alexa wie meist nach getaner Arbeit unsere Wohnung. Meine Mutter fragte nie, wohin es sie abends trieb. Ich denke, sie wollte es nicht wissen, obwohl sie ahnte, dass Alexas Ziel nicht das Nachbarhaus war, in dem eine Landsmännin von ihr arbeitete. Mit uns Schutz in Deutschlands Westen zu suchen, lehnte Alexa traurig, aber bestimmt ab. Obwohl sie von dem Befehl Stalins wusste, nach dem Ostarbeiter wie russische Kriegsgefangene als Deserteure zu behandeln seien, siegte ihr Heimweh im inneren Kampf. Am 25. Januar kehrte sie zum ersten Mal nachts nicht zurück. Wir bemerkten es erst am nächsten Morgen.

Fragte mich jemand, ob ich in dieser letzten Nacht im Elternhaus Schlaf fand – ich könnte es nicht beantworten. Was nach unseren teils hektischen Vorbereitungen noch geschah oder besprochen wurde, scheint mit einem gnädigen Tuch des Vergessens zugedeckt zu sein. An eines allerdings erinnere ich mich genau: Nicht den Bruchteil einer Sekunde kam mir am Vorabend der Flucht der Gedanke, unser Abschied würde oder könnte auch nur einer für immer sein. Ich liebte mein Elternhaus bis in meine tiefsten Wurzeln, hing an

Mein kleiner Notizblock mit Adressen und Zeichnungen

meiner Heimat. Ganz sicher würde ich zurückkehren – und das bald. Davon war ich an jenem Abend zutiefst überzeugt.

Tatsächlich sollte es jedoch über 42 Jahre dauern, bis ich zum ersten Mal wieder über Schneidemühls Stadtgrenze fuhr. »Pila« las ich dort auf dem hölzernen Ortsschild – der mir aus meiner Kindheit bekannte polnische Name für Schneidemühl. Der springende Hirsch als Stadtwappen hatte die Zeiten überdauert. Die goldene Königskrone zwischen dem Geweih jedoch hatten ihm die kommunistischen Statthalter geraubt. Wo einst mein Elternhaus stand, wanderte mein Blick über grünbraunen Rasen. Es war Hochsommer – mir kam der Gedanke an verbrannte Erde. Und unter dieser vielleicht noch Reste meines Werkzeugkastens?

Die Flucht

26. Januar

So wie man als Kind beim Mittagessen den leckersten Bissen gerne zuletzt verzehrt – und doch nicht darf –, gilt am frühen Vormittag das letzte Adieu meiner geliebten Hedwig. Gestiefelt und gespornt betrete ich die Küche. Die ungewohnte zweifache Mantelgarnitur ist hinderlich und in der Küche außerdem zu warm. Die dunkelblaue Wollmütze werde ich noch in der Hand und nicht auf dem Kopf gehabt haben, denn Mützen hasste ich als Kind gleichermaßen wie Handschuhe. Letztere auch deshalb, weil mein Vater nie welche trug und trotzdem bei bitterster Winterkälte angenehm warme Hände hatte, in die ich meine kalten Kinderhände dann gerne schob. In allem wollte ich sein wie er, was nicht immer möglich war.

Hedwig sitzt auf dem schlichten Holzstuhl zwischen Herd und der Küchenanrichte. Dort, wo es im Winter, wenn die Briketts unter der Herdplatte glühen, am wärmsten ist, ist ihr Lieblingsplatz. Äußerlich gefasst, gehe ich auf Hedwig zu, umarme sie herzlich – um Worte verlegen. Nicht so diese warmherzige Frau, als sie mich an sich drückt: »Wenn wir uns nicht mehr wiedersehen sollten, … ich wünsch dir alles Gute.« Noch heute höre ich sie diese Worte sagen. Sie wühlten etwas in mir auf, was ich bis dahin verdrängte. Es war das Erkennen unserer realen Situation. Eine Ahnung vielleicht, dass eine baldige Rückkehr so selbstverständlich nicht war, wie ich damals glauben mochte.

Eilige Schritte auf der Treppe beenden das kurze bedrückende Schweigen. Die Küchentüre zum Treppenhaus, die selbst jetzt im Winter nur angelehnt ist, wird weit aufgestoßen. Tränenüberströmt stürzt überraschend Alexa herein, erleichtert, Juliane und mich noch anzutreffen. Schluchzend umarmt sie uns, eine nach der anderen. »Geht nicht fort«, bittet sie voller Anhänglichkeit. »Bleibt, bitte bleibt – euch passiert nichts. Ich beschütze euch.«

Dann wird es wieder still in der Küche. Wir alle wissen, dass wir gehen müssen, obwohl wir so gerne blieben. Auch ist uns bewusst, dass unsere Alexa ihren Weg ins Ungewisse in entgegengesetzter Himmelsrichtung suchen wird, da sie ihrem Heimweh folgen muss. Doch dass sie nicht ohne Abschied von uns geht, tröstet uns in dem Moment.

Nachdem ich Hedwig noch die Sorge um meinen weißen Hahn ans Herz gelegt habe, verlasse ich die Küche, gehe ein letztes Mal durch Kinder- und Esszimmer, um im Korridor den Affen zu schultern sowie den Brotbeutel überzuhängen. Mit Mutti und Alexa verlassen Juliane und ich gegen zehn Uhr die Wohnung über die vordere Treppe, die sorgfältig mit einem roten Kokosläufer ausgelegt ist, an jeder Stufe durch eine Messingstange gehalten. Dann noch die wenigen Schritte durch den hohen Hausflur, dessen vorderes Tor zur Hälfte offen stand. Wir treten hinaus auf den verschneiten Neuen Markt und gehen an unserer Stadt-

kirche vorbei zu den Verwandten in der nahen Moltkestraße. Dicht wirbeln kleine Schneeflocken vom mil-
chigen Himmel. Ich stülpe die weiche Wollmütze über
die blonden Haare, die zu kurzen »Affenschaukeln«
geflochten sind – die Bezeichnung für Zöpfe, deren
Enden bis zum Zopfanfang hochgeschlagen werden
und dadurch kleinen Schaukeln ähneln. Ich allerdings
mochte nur kurze Schaukeln, weshalb ich meine Zöpfe
regelmäßig selbst stutzte.

Onkel Willi steht mit Tante Marianne auf dem oberen
Absatz der Freitreppe, als wir ihre Villa erreichen.
Sichtlich erschrocken berichten sie, was gerade ge-
schehen ist. Soldaten der SS seien grölend an ihrem
Haus vorbei zur Moltkeschule gerannt, hätten Dr.
Weinberger verfolgt und diesen kurz darauf auf dem
Schulhof erschossen. Es heiße, Weinberger habe vom
Volkssturm fortlaufen wollen. Wir sind bestürzt. So
nah hatten wir den ausufernden Krieg bis dahin noch
nicht zu spüren bekommen. Dr. Weinberger war unser
langjähriger Zahnarzt; ich kannte keinen anderen. Im
Alter meiner Eltern – mit diesen auch bekannt –, war
er vom Kriegsdienst zurückgestellt und nun als Ver-
antwortlicher dem Volkssturm als letztem Aufgebot
zugeteilt worden.

Erst nach meiner Flucht sollte ich Näheres über das
Geschehen erfahren. Weinberger, als kritischer Mann
die Sinnlosigkeit weiterer Opfer erkennend, hatte seiner zusammengewürfelten Volkssturm-Mannschaft
den Laufpass gegeben. Männer über sechzig und Kna-
ben unter sechzehn Jahren sollten mit Panzerfäusten
aufhalten, wozu die Wehrmacht nicht mehr imstande
war? Nein, genau das glaubte Weinberger nicht ver-

antworten zu können. So traf er eine menschliche Entscheidung, die jedoch einer aus seiner Mannschaft missbilligte. Ein kurzer Anruf bei der SS – bald darauf traten SS-Leute die Haustüre in der Friedrichstraße ein, stürmten zu Weinbergers Wohnung hinauf, in der unser Zahnarzt auch seine Praxis betrieb. Durch den Krach im Treppenhaus gewarnt, gelang es Weinberger zunächst, sich über einen rückwärtigen Balkon hinunter in den Garten zu hangeln und das Grundstück nach hinten zur Milchstraße zu verlassen. Von dort hetzte er über die Moltkestraße zur Schule, die seit Monaten schon als Lazarett genutzt wurde. Doch seine Häscher waren ihm auf den Fersen, fanden Weinberger in einem der Krankensäle und zerrten ihn aus seinem Versteck. Auf dem großen Schulhof, den ich von früheren Sportveranstaltungen kannte, wurde unser Zahnarzt standrechtlich erschossen. Zwei noch relativ kleine Kinder verloren ihren Vater. Denke ich heute an Dr. Weinberger zurück, so sehe ich seine strahlend blauen Augen, in die ich als Kind schaute, während ich bei Kontrollen vertrauensvoll auf seinem Behandlungsstuhl saß.

Es war wohl der Schock des gerade Erfahrenen, der mir heute ein Erinnern an Alexas Abschied verwehrt. Es muss vor der Villa gewesen sein, dass sie nach einer letzten Umarmung ihre Schritte wieder zurück zu unserer Wohnung und zu Hedwig gelenkt hat. Wie lange sie sich dort noch aufhalten, wann und mit wem zusammen sie ihre eigene und möglicherweise einsame Flucht versuchen sollte, weiß ich nicht. Nie wieder habe ich von ihr gehört oder etwas über sie erfahren, wie auch Hedwig und mir kein Wiedersehen vergönnt

war. Und meine Mutter, falls sie etwas darüber wusste, verschloss auch dieses wie alles andere jener Tage
tief in sich.

*

Bedrückt betreten wir über die Freitreppe durch die
nur angelehnte Haustüre das mit hellen Steinfliesen
ausgelegte Entree der Villa. Tante Liselottes Söhne sind
bereits warm verpackt für die ungewisse Reise. Ihre
lustigen bunten Zipfelmützen hat »Mimi«, ihre Mutter, für sie gestrickt. Christian, zehn Jahre alt, trägt die
Mütze schief über seinen rotblonden Haaren, Manfred, der Siebenjährige, hat sichtlich Mühe, unter seiner die kesse weißblonde Tolle zu verstecken, und
beim knapp dreijährigen Volker schauen einige kastanienbraune Locken unter der Kopfbedeckung hervor.
Jeder von ihnen trägt ein Namensschild um den Hals,
auf dem auch die Zieladresse vermerkt ist. Christian
allerdings hat seines unter dem Mantel verborgen – er
fühlt sich alt und verständig genug, um sich Mimis eindringliche Worte zu merken.
Für eine kurze Weile gehen wir ins Wohnzimmer, das
sowohl durch das kleine Musikzimmer als auch direkt
vom Flur aus zu erreichen ist. Ein letztes Mal bespricht
meine Tante mit Juliane die verabredeten Adressen
sowohl in Berlin als auch in Hamburg bzw. Lübeck.
Letztere Hansestadt ist Ziel der Kraeuters, an dem
Freunde ihnen Unterschlupf im eigenen Haus angebo-
ten haben. In Berlin lebt außer Muttis Schwägerin – ihr
Bruder war an der Westfront – auch ein befreundetes
Ehepaar der Kraeuters. Juliane reagiert ungewohnt

27

aufgeregt auf die Informationen unserer Tante. »*Kopf-los*« sollte ich es sogar in meinen damaligen Aufzeichnungen nennen. Ihr, der von uns beiden weit Erfahreneren, fällt das Fortgehen offensichtlich unendlich schwer. Ich in meiner Ahnungslosigkeit bin gefasster. Schließlich zieht auch Tante Liselotte eine dicke Wolljacke über das schmale schwarze Kleid und schlüpft in den dicken Wintermantel. Ich erlebe die schlanke Frau nie anders als in schwarzer Kleidung. Ihr Mann Fred war im Krieg gefallen, bevor sie mit den Kindern zum Vater zog. Von diesem Onkel Fred hatte der kleine Volker die kastanienbraune Haarfarbe geerbt, während Liselotte ihrem Ältesten das Rothaarige weitergegeben hatte.

Dann ist es so weit. Onkel Willi und Tante Marianne greifen nach ihrer Wintergarderobe, um mit Mutti zusammen unsere kleine Karawane ein Stück des Weges zu begleiten. Frau Kuske und Martha, die guten Geister der Villa, helfen tatkräftig, das gesamte Gepäck auf einem langen Kinderschlitten festzuzurren. Sie beide wollen uns Flüchtenden noch bis zum Bahnhof Geleitschutz bieten. Frau Kuske ist mir als gute und stets freundliche Köchin vertraut, die etwas jüngere Martha als tüchtige und vielseitige Hausfee in der geräumigen Villa. Kein Weihnachten wäre ohne ihren schlesischen Mohnstrudel denkbar gewesen.

Meine Mutter und Kraeuters kommen bis zum »Polnischen Korridor« mit, dem Ende der Moltkestraße, die dort auf die lange Bismarckstraße stößt. Der Name der kleinen Unterführung deutet auf das Polnische Konsulat hin, dessen Geschäftsräume sich im darüberliegenden Brückenbau befinden. Ein kurzes Winken

Heile Welt – ein Jahr vor der Flucht im Winter 1943/44

noch, dann biegt unser kleiner Flüchtlingstrupp zum Bahnhof ab – Mutti, Onkel Willi und seine Frau Marianne bleiben zurück.

In all den seitdem vergangenen Jahrzehnten fragte ich mich wiederholt, weshalb mich nichts an den Abschied von meiner Mutter erinnert. Sagte mir, dass es einen solchen doch gegeben haben musste. Erst in jüngerer Zeit ließ ich einen anderen Gedanken zu: »Weshalb muss es den gegeben haben?« Fünfzehnjährige reagieren auf ihre Weise, wenn sie sich fortgeschickt fühlen. Auch bohrte in mir die Frage, warum meine Mutter nicht mit uns weiterging, uns nicht bis zum Bahnhof begleitete. Fragen, auf die es keine Antwort mehr gibt.

*

Von der Bismarckstraße führt uns unser Weg über Zeughaus- und Bahnhofstraße zum dort beginnenden Fußgängertunnel des Bahnhofs. Davor sind auch jetzt noch »Kettenhunde« postiert, die stichprobenartig die Ausreisewilligen kontrollieren. Wir passieren unbehelligt und steigen die Stufen zum Tunnel hinunter. Verängstigte Menschen, überwiegend Frauen und Kinder, drängeln und schieben dem Tunnelende entgegen, dessen Treppe hinauf in die Bahnhofshalle führt. Dort erfahren wir von einem Flüchtlingszug, der auf einem der Gleise bereits unter Dampf steht. Sein Ziel: Neustettin, in nordwestlicher Richtung unserer Stadt gelegen. Doch ist kein Reinkommen mehr in diesen Zug – er ist bereits überfüllt.

Die treuen Hausgeister aus der Moltkestraße, Frau Kuske und Martha, kommen noch einmal und bringen heiße Milch, über die sich vor allem die Jungs freuen. Kaum sind wir wieder unter uns, ohrenbetäubende Einschläge. Gerade vorher hatte ich drei viertel eins von der Bahnhofsuhr abgelesen. Nannte ich später im westlichen Deutschland Viertel vor eins auf diese ostdeutsche Weise, schauten mich regelmäßig erstaunte Augen an. Also: Gegen 13 Uhr des 26. Januar der erste Beschuss auf das Kerngebiet unserer Stadt. Auch wir zucken zusammen, folgen den im Tunnel Schutz suchenden Menschen. Ich nehme Christian und Manfred an die Hand; auch Juliane hastet mit uns die Treppe hinunter. In der Aufregung haben wir Tante Liselotte mit Volker aus den Augen verloren, entdecken sie dann im Tunnel, Volker auf Mimis Arm.

Erst als der Geschützdonner nachlässt, wird uns bewusst, dass unser Gepäck bei der Hast in der Halle zurückgeblieben ist. Nur ich spüre meinen Affen auf dem Rücken – habe ihn oben nicht abgenommen. Juliane und ich wollen wenigstens unseren Wertkoffer und wichtiges Gepäck von Tante Liselotte holen. Es steht noch dort, wo wir es vergessen haben. Schnell eilen wir damit zurück in die schützende Unterführung. Dort trifft Juliane einen guten Bekannten, der einen Mantel der Kriegsmarine trägt. Er erzählt, dass er gerade seine Mutter und Schwester zu einem anderen Flüchtlingszug gebracht hat. Denn der unter Dampf stehende war sofort nach dem Beschuss aus der Halle gefahren. Juliane bittet den alten Freund nicht vergeblich: Er wird auch uns helfen, in diesen anderen Zug zu gelangen.

Bevor wir aufbrechen, treffe ich Hanne G. und Gabi M., die gerade als höhere Chargen der Hitlerjugend vom Einsatz als Bahnhofswache heimgehen. Hanne mag ich. Diese einstige Klassenkameradin von Juliane war meine Gruppenführerin, als ich als Zehnjährige »Jungmädel« wurde. Sie gehörte zu jenen, die aus ideeller Überzeugung den hauptberuflichen Weg in Hitlers Jugendorganisation anstrebten – und nun kurz vor einer bitteren Enttäuschung standen. Gabi M. dagegen hat mein jugendliches Interesse lediglich unseres gemeinsamen Vornamens wegen geweckt. Sie war zu dem Zeitpunkt bereits etliche Stufen auf der Karriereleiter hinaufgestiegen und soll später ihrem verpassten Endziel nachgetrauert haben. Dort im Tunnel gehen wir grüßend aneinander vorbei.

Mit Julianes Kavalier hole ich das restliche Gepäck aus der Halle, meine Schwester kümmert sich unterdessen um Tante Liselotte und die Kinder. Dann stehen wir vor einem Ungetüm von Zug. Die schweren Schiebetüren dieses hölzernen Güterzuges sind weit geöffnet. Der Einstieg ist sehr hoch; Kindern und alten Menschen muss beim Hineinkommen geholfen werden. Eigentlich ist es ein Urlauberzug, der nun für Flüchtlinge freigegeben wird. Nachdem die Augen sich an das Dunkel im Inneren gewöhnt haben, lese ich auf einem Emailleschild »Entlausungswagen«. Entdecke dann etliche Duschköpfe entlang der Holzdecke. Später werde ich mit Schaudern an den Holocaust denken; am 26. Januar 1945 jedoch ahnte ich noch nichts davon. Wir Schwestern verteilen unser Gepäck an der den Schiebetüren gegenüberliegenden Wagenwand. Tante Liselotte und die Kinder nehmen darauf Platz – andere Sitzgelegenheiten gibt es nicht. Juliane und mir dient Liselottes stabiler Koffer als bescheidene Bank. Lange harren und hoffen wir auf die Abfahrt des hölzernen Monsters, doch nichts geschieht. Hin und wieder Gefechtslärm – unwillkürlich zuckt man zusammen. Kurz vor der Abfahrt strömen weitere Flüchtlinge durch die noch geöffneten Schiebetüren ins Innere. Aus aufgeregten Wortfetzen entnehme ich, dass sich diese verängstigten Menschen kurz vor dem Schneidemühler Bahnhof aus einem unter Beschuss stehenden Zug gerettet haben. Er kam aus Dirschau, einer östlich von Schneidemühl gelegenen Kleinstadt.

*

Endlich schließen Bahnbeamte von außen die Türen. Verriegeln diese sicherheitshalber, was später zu unserem Verhängnis werden sollte. Viertel zwei ist es, als der Zug langsam aus dem Bahnhofsgelände zieht. Doch zuckelt das Monster lediglich von Halt zu Halt. Eine Ewigkeit scheint vergangen, als wir durch die hohen Luken des Waggons die Sandseebrücke erkennen, unter der wir hindurchfahren. Warum um Himmels willen unten? Allgemeines Erschrecken. Die Gleise, die über die Brücke führen – ganz nahe dem schönen Badesee im Kiefernwald –, hätten uns in nördlicher Richtung aus der Stadt gebracht. Die unteren Gleise dagegen gehören zur sogenannten Ostbahn-Strecke, die von Königsberg nach Berlin führt. Auf dieser strebt unser Zug somit der Stadt Kreuz entgegen, von der wir wissen, dass sie bereits beschossen wird. Die russische Panzerspitze hat nämlich begonnen, Schneidemühl südlich zu umzingeln, um die Ostbahn als rettenden Lebensnerv für den Zugverkehr zu unterbrechen. Eingesperrt in den Zug, erfassen wir die prekäre Lage durch den zunehmenden Gefechtslärm. Gewissheit aber hat niemand von uns. Die Propaganda und mit ihr die Nachrichtensperre arbeiten noch. Selbst der Zugführer muss getäuscht worden sein. Einen offiziellen Halt gibt es in Schönlanke, 25 Kilometer südwestlich von Schneidemühl. Dort lebt unser Großonkel Ewald – ob er und Tante Anna noch dort sind? Bald danach durchfahren wir den Bahnhof von Stieglitz. Wie vertraut diese Station für Juliane und mich doch ist. Früher wurden wir dort alljährlich zu Beginn der Sommerferien von einer Kutsche abgeholt, die uns in wunderschöne Ferien nach Runau brachte, dem kleinen Dorf, zu dem Tante Marthas Bauernhof gehört. Nun aber ängstigt uns Geschützdonner. Aus dem Tagebuch zitiere ich: »*Tante Liselotte sagt: ›Das Geschieße verfolgt uns.‹*« Und dann wenige Minuten später das Chaos.

Bellender Kanonendonner stoppt den Zug augenblicklich. Es muss die Lokomotive erwischt haben. Ich sitze von uns am weitesten links auf der provisorischen Kofferbank. Rechts von mir Juliane, neben ihr die Kinder und schließlich Liselotte. »Hinlegen«, schreit jemand ins Dunkel des Waggons. Ich lasse mich nach links auf den Boden fallen, verliere dadurch die anderen aus den Augen. Es riecht nach Holzstaub – wurde unser Wagen getroffen? Der Beschuss nimmt an Stärke zu. Nur raus aus dem Ungetüm – anderes zu denken, bin ich nicht fähig. Die verriegelte Schiebetür lässt als einziges Fluchtloch die hoch gelegenen kleinen Luken. Sechs davon sind in jedem Waggon. Ich stolpere zu der am weitesten links gelegenen. Gepäckstücke darunter helfen, die Luke zu erreichen. Sportlich trainiert, ziehe ich mich hinauf. Die dicke Kleidung behindert mich etwas. Doch von hinten schiebt mich ein Soldat durch die schmale Öffnung. Ich falle. Der Schnee dämpft den Aufprall. Gleich danach fliegt der Soldat in den Schnee, liegt nun neben mir. Wir sind mit die Ersten, denen der Weg ins Freie gelungen ist. Jetzt mischt sich Maschinengewehrfeuer in den Geschützlärm. Ich bin zunächst unfähig, die Richtung auszumachen, aus der die Gefahr droht. *»Kopf runter, Kopf runter«*, brüllt der Soldat – nun erkenne ich die Situation. Wir liegen am Fuß eines Bahndammes neben dem Zug. Die MG-Salven kommen von der anderen Seite des Zuges, pfeifen zwischen der Unterkante des Zuges und dem Gleisbett über unsere Köpfe hinweg. Als Sechzehnjährige notierte ich: »... *ein ziemlich ulkiges Gefühl*«. Fallen mir heute treffendere Worte ein? Um eine Situation zu beschreiben, wie sie mir in ihrer

Bedrohlichkeit zum ersten Mal begegnete? Ich lasse es so stehen.

Wir bleiben neben dem Zug liegen, bis es ruhiger wird. Mir ist, als gebe es außer dem Soldaten und mir niemanden sonst. So frage ich, ob ich mit ihm gehen kann. Keine Antwort. Dann höre ich, dass wir versuchen sollen, hinter dem Zaun in Deckung zu gehen. Es sind die Worte eines SS-Offiziers. Und der Zaun? Den erkenne ich nun oberhalb einer Böschung links von mir. Ich klettere die Böschung hinauf. Der Zaun – wohl aus alten Bahnschwellen errichtet – ist fast mannshoch. Um die Oberkante zu ergreifen, muss ich mich recken. Da ich den Brotbeutel noch umhängen habe, nehme ich ihn ab und werfe ihn vorweg über das Hindernis, klettere dann hinterher. Auch Älteren und Kindern gelingt der Sprung in die Deckung. Teils dank gegenseitiger Hilfe, teils weil Lebensgefahr ungeahnte Kräfte mobilisiert. Diejenigen, die neben dem Zug zurückbleiben, scheinen verwundet zu sein. Auch mein Soldat schafft es nicht mehr. Und Juliane? Erst später werde ich mich das fragen können – wenn die Treibjagd auf uns Flüchtende vorbei ist.

*

Wieder im Besitz meines Brotbeutels, schaue ich mich um. In einiger Entfernung ist links ein Gehöft zu erkennen. Es hat aufgehört zu schneien. Bei sternenklarem Himmel verstecken sich die Konturen der Landschaft unter einer dicken Schneedecke. Auf ihr wie fliehende Hasen die Menschen, die sich aus dem Zug retten konnten. Sie hasten in Richtung des Gehöftes.

Unter ihnen erkenne ich plötzlich den kleinen Christian, rufe nach ihm. Er hört es, wir laufen aufeinander zu. Auch er ist heil davongekommen, hat sich beim Sprung aus der Luke lediglich den Arm etwas abgeschürft und ein Dreieck in den kurzen Lodenmantel gerissen. Doch wir können laufen und halten uns dabei nun fest an der Hand.

Der Zaun gibt uns Rückendeckung vor den immer noch pfeifenden MG-Kugeln. So können wir aufrecht rennen, ducken uns nur unwillkürlich, wenn sich ein Geschoss verirrt. Ein Teil des Gehöftes brennt, wir hetzen zwischen den Stallgebäuden hindurch. Hinter dem Gehöft verteilen sich die Fliehenden ziellos in alle Richtungen. Mein vorherrschender Gedanke ist, nur möglichst weit weg vom Zug und der Bahnstrecke. Wir schließen uns einer kleinen Gruppe an, die sich nach Westen orientieren will. Doch wie die Richtung finden, wo niemand unter uns ortskundig ist und die weite dicke Schneedecke den Suchenden täuscht? Ein Mann nimmt Christians andere Hand; hat beobachtet, wie der kleine Kerl in den zugeschneiten Gräben fast bis zu den Knien einsinkt. Doch der stapft tapfer weiter, klagt nicht und hält wortlos mit uns Schritt. Nur eines sagt er plötzlich zu mir: »*Wenn Mimi was passiert ist, dann soll sie doch lieber gleich tot sein.*« Er, der mit allen Fasern an seiner Mutter hängt, denkt in dieser Situation wie ein kleiner großer Mann.

Nach einiger Zeit kommen wir über ein verlassenes Gehöft. Nach meiner Uhr ist es zehn Minuten nach fünf. Es hat wieder heftig zu schneien begonnen, ist verteufelt kalt. Nur gut, dass auch Christian eine zweifache Garnitur Kleidung anhat. Bald darauf gelangen

wir zu einem Hof, der auch bewohnt ist. Ein Licht-
schimmer hinter einem der Fenster deutet darauf hin.
Ein Junge aus unserer Gruppe – wir sind zehn bis fünfzehn Menschen – ist leicht verwundet, blutet. So bleibt
er dort, um sich verbinden zu lassen. Uns andere treibt
es weiter. Kurz hinter dem Hof kommt uns ein junges
Mädel entgegen, sie trägt ein kleines Kind auf dem
Arm. Ein Mann aus unserer Gruppe fragt sie, wo es
nach Westen geht. Das Mädel scheint völlig verängstigt zu sein, gibt keine Antwort und rennt vorbei. Doch
dann stolpert sie, fällt hin, mit dem Kind. Niemand
hilft. In tiefer Angst versucht jeder, auf den Beinen zu
bleiben und sich nach Westen zu retten.

Konnten wir bisher nur vereinzelte Höfe ausmachen,
erkennt man nun mehrere »Abbauten«, wie die außerhalb der Dörfer gelegenen Anwesen genannt werden.
Ein Abbau nach dem anderen geht in Flammen auf.
Wir beginnen, uns an das Gespenstische der allseitig
lodernden Flammen zu gewöhnen. Nutzen nun sogar
deren Licht, das vielfach vom Schnee reflektiert wird.
Erneut hoffen wir, von uns entgegen Fliehenden die
westliche Richtung und einen Weg vorbei an den Ort-
schaften zu erfahren; durchzukommen, der umklam-
mernden Panzerspitze entwischen zu können. Auch ich
bin fest vom Gelingen überzeugt. Doch in den Schnee-
wehen den Weg zu finden, ist schwer. Unsere Route
scheint uns einer Ortschaft zuzuführen, denn auf den
nun dichter gelegenen Höfen sind die Bauern zu
Hause, der eine oder andere steht sogar vor seiner Tür.
Einer von ihnen ist bereit, uns einen Schleichweg um
die Ortschaft herum zu zeigen, geht sogar mit uns.
Aber in dieser Ausnahmesituation verliert auch er in

der täuschenden Schneewüste die Orientierung, schlägt Haken mit uns wie ein Hase – und macht sich schließlich angstvoll aus dem Staub.

In beginnender Hoffnungslosigkeit löst sich unser kleiner Trupp in alle Richtungen auf. Ich denke kurz daran, mit Christian weiter querfeldein zu laufen, hoffend, nicht vollkommen die Orientierung zu verlieren. Doch der Kleine, von seiner Konstitution her kaum von einem Fünfjährigen zu unterscheiden, ist körperlich am Ende. So werden wir nicht weit kommen. Und pausieren im Schnee in Eiseskälte ist lebensgefährlich. Also schließen wir uns wieder einigen Menschen an. Darunter ist eine Ostpreußin, die in ihrer Heimat schon einmal einer russischen Panzerspitze entkommen ist. Diese Erfahrung lässt sie wiederholt raten: »*In den Wald, der Wald ist unser Freund.*« Niemand folgt diesem Rat; körperliche Erschöpfung lässt den Mut sinken, es bis zu einem schützenden Wald zu schaffen – den keiner von uns rundum erspähen kann. Möglicherweise war dies unsere Rettung. Wurde unser Zug doch von Panzern aus einem nahen Waldstück zusammengeschossen, was ich zu diesem Zeitpunkt allerdings noch nicht wusste. Auf einer großen Lichtung hatte sich das hölzerne Monstrum auf Schienen als schleichende Zielscheibe den feindlichen Panzern dargeboten. Ganz abgesehen davon, sollte ich Jahrzehnte später den Landstrich genauer kennenlernen: Wirklich große, schützende Waldstücke gibt es hier nicht.

So ergeben auch Christian und ich uns dem offensichtlich Unausweichbaren, nähern uns mit den nun wenigen einer Ortschaft. An den ersten Häusern stehen etliche Bauern in Gruppen zusammen. Verängstigt oder gar in Panik scheinen sie nicht zu sein. Sie machen eher einen entspannten Eindruck, amüsieren sich sogar, von uns zu hören, dass wir weiter wollen – weiter nach Westen und möglichst noch durch die bisher dünne russische Frontlinie. Belehren uns über die Freundlichkeit der sowjetischen Panzerbesatzungen. Die Bewohner hätten lediglich vor ihre Häuser zu treten brauchen. Niemandem sei etwas geschehen. Die Panzer seien dann weitergefahren; im Dorf gebe es nun keine mehr.

Ich vermag diesen Worten nur schwer zu glauben. Rotarmisten, die nicht morden und brennen? Die in Flammen stehenden Abbauten sprechen eine andere Sprache. Und unser Zug? Doch denke ich dies still für mich; ein wenig dämpft die Auskunft der Bauern schließlich auch meine Angst.

Unser Menschenhäuflein geht zaghaft und vorsichtig tiefer in den Ort hinein. Es ist das Dorf Gornitz bei Ascherbude im Netzekreis. Die Netze als Grenzfluss zu Polen gibt dem Landkreis den Namen. Die Häuser sind überwiegend entlang der Dorfstraße gelegen. Den Schnee haben die breiten Panzerketten von der schmalen Straße gefegt. Wir betreten ein Gasthaus. Seine Gaststube ist voller Menschen – Flüchtende aus unserem Zug, die schneller hierher fanden. Die Wirtsleute zeigen wenig Verständnis für unser Begehren, unter ihrem Dach Schutz zu suchen, wehren den neuen Zustrom an Menschen vehement ab. So entscheiden einige ortskundige Eisenbahner – Personal des Unglückszuges –, weiter in Richtung Klein-Drensen zu gehen. Ich vermute einen westlich gelegenen Ort, kenne den Namen aber nicht. Da bisher außer der Panzerspitze kein Rotarmist zu sehen ist, hoffen sie noch auf ein Nadelöhr in der Kampflinie. Ich bitte die Männer, Christian und mich mitzunehmen, wollen wir doch beide nach wie vor in die Freiheit – ganz gleich, wie diese aussehen mag. Die kräftigen Bahnbeamten mustern uns. Mir scheinen sie einen weiteren Marsch zuzutrauen, doch dem Kleinen? »Der erfriert uns, das können wir nicht riskieren.« So bleibe auch ich zurück. Spüre die zierliche Knabenhand noch fester in meiner. Einen Moment lang hat Christian wohl befürchtet, ich lasse ihn alleine. Wie könnte ich; fühle ich mich doch voll verantwortlich für ihn, der seine Mimi verloren hat. Wo aber sollen wir bleiben? Der Gastwirt sieht eine Lösung. Weist auf einen größeren Jungen im Gastraum, der sich gerade zum Gehen anschickt. Er soll uns mitnehmen zu einem Abbau. Noch einmal finden sich etwa zehn Leute zusammen, deren Hoffnung nun auf den schmalen Schultern dieses jungen Menschen ruht. Er führt uns durch tiefen Schnee, teils über verlassene Koppeln, teils durch einsame Gärten, in die wir über eingeschneite Zäune steigen. Plötzlich dröhnendes Getöse – was ist das? Einen derart erschreckenden Lärm habe ich nie zuvor vernommen. Panzer! Sie kehren ins Dorf zurück, das sie zuvor durchfahren haben. Auch dem Jüngling wird es nun mulmig. Unvermittelt gibt er Fersengeld und verschwindet. Wieder stehen wir verlassen in der uns fremden Gegend. Ein Abbau ist weit und breit nicht zu sehen.

Da nimmt ein Mann aus unserem Trupp das Heft in die Hand. Er führt uns zurück zur Dorfstraße und an dieser von hinten in ein solides Haus. Es entpuppt sich als eine Bäckerei. Doch auch hier drängen sich verängstigte Menschen – der Bäcker kennt kein Pardon, will uns wieder rauswerfen. Verständlich ist das, es ist zu eng, man kann kaum stehen. Nun rasseln die Panzer die Dorfstraße rauf und runter. Christian schmiegt sich an mich – auch mir ist die Situation unheimlich. Da entschließt sich der Bäcker, uns in seine Backstube zu bringen. Sie liegt ein paar Schritte hinter dem Haus und ist eher ein Backhaus. Er öffnet die Tür, schiebt uns hinein und schließt sie dann hinter uns von außen wieder. Nicht einmal eine Kerze erhellt den Raum.

*

Als meine Augen sich ein wenig an das dämmerige Dunkel gewöhnt haben, erkenne ich einige Frauen, die gegenüber der Tür auf dem Boden liegen. Ich weiß nicht so recht, was ich von ihnen halten soll, blicken sie doch auch etwas misstrauisch zu uns herüber. Zunächst aber empfinden Christian und ich nach dem eisig kalten Schneetreiben, dem wir so lange ausgesetzt waren, vor allem die uns umgebende Wärme als wohltuend. Die am Himmel treibenden Schneewolken hatten mir auf der Dorfstraße noch einen kurzen Blick auf meine Uhr erlaubt. Sieben Uhr abends ist es jetzt ungefähr; und stockfinster nun Ende Januar. Doch der Backofen ist noch ganz warm. Offensichtlich ist nachmittags gebacken worden, bevor die Panzer das Dorf erobert haben. Es riecht auch nach frischem Brot. Feststellen jedoch, wo dieses liegt, kann ich vorerst nicht. Der einzige Lichtschein, der durch ein Fenster in unser dunkles Backhaus fällt, rührt von der umgebenden Schneelandschaft her.

Die mir anfangs seltsam erscheinenden Frauen sind Polinnen, die mehr oder weniger gut unsere Sprache beherrschen. Ich notierte seinerzeit: »*Sie sind aber erst noch sehr anständig.*« Zweierlei Gedanken mögen mir dabei durch den Kopf gegangen sein. Der eine: Ich vermutete Ostarbeiterinnen in ihnen, und als solche konnten die Polinnen Grund haben, eher unfreundlich als »sehr anständig« zu uns zu sein. Der andere Gedanke: Der Tagebucheintrag entstand damals schon im Rückblick – da wusste ich beim Schreiben schon um den späteren Verrat auch polnischer Frauen an mir.

An diesem ersten Fluchtabend jedoch erhebt sich eine der Polinnen, tastet sich zu den Regalen hin und greift nach einem Brot. Sie scheint sich im Backhaus auszukennen – vielleicht arbeitete sie bei dem Bäcker? Sie findet auch ein Messer, schneidet das Brot auf und verteilt großzügig dicke Scheiben an uns, liegt doch noch Brotlaib an Brotlaib auf den Brettern. Dass wir hungrig sind, haben wir bisher gar nicht gespürt. Auch Christian scheint es nicht gequält zu haben.

Da die Menschen, die sich untereinander kaum erkennen können, höchstens flüstern, fallen lautere Töne sofort auf. So erfahre ich, dass jemand seine Papiere zerreißt. Es könne gefährlich werden, wenn die Russen deutsche Ausweise sehen. Darauf war ich noch nicht gekommen, weiß aber um die kleine Ausweistasche in meinem Brotbeutel. Ich fingere aus dieser alles heraus, was Verdacht erregen könnte. Wie beispielsweise mein HJ-Ausweis – das Dokument, das mich mit Foto als Hitlers Jungmädel ausweist. Ich finde auch meinen Personalausweis und die eine und andere Fotografie, die Ärger bereiten könnte. Zerreiße all dies in kleine

Schnipsel, taste mich im Dunkel zum Backholz vor, das neben dem Ofen gestapelt ist, und werfe die Papierfetzen dahinter. Auch die kleine HJ-Anstecknadel habe ich in der Ausweistasche erfühlt. Da es nicht Pflicht war, habe ich sie nie getragen; entsinne mich aber noch heute an ihr ungefähres Aussehen. Ein circa eineinhalb bis zwei Zentimeter hoher silbriger Rhombus mit dem Symbol der Hitlerjugend auf der rötlich emaillierten Vorderseite. Ob dieses nur aus den Buchstaben »H.J.« bestand oder auch ein Hakenkreuz enthielt, ist mir entfallen, habe ich die Nadel doch an jenem 26. Januar mit dem Finger ganz tief in die Unterseite eines der auf dem Regal liegenden frischen Brote gebohrt und danach nie wieder eine dieser Anstecknadeln gesehen. Ich erinnere mich aber an den Gedanken, den ich in jenem Moment hatte: »Soll sich ruhig ein Russe daran die Zähne ausbeißen!« Noch war ich zu solcher Art Schadenfreude fähig.

Und noch etwas schießt mir durch den Kopf: Unter den selbst gestrickten Pulli mit rotem Elchmuster hatte ich morgens eine weiße kurzärmelige Sportbluse angezogen. Da ich damals nur eine weiße Bluse besaß, so war es die BDM (Bund Deutscher Mädchen)-Bluse, an der wir auf dem linken Ärmel als Schneidemühler das kleine dreieckige Stoffschild mit »Ost-Pommern« tragen mussten. Weiße Schrift auf schwarzem stabilen Stoff. Wir, die wir bis 1938 zum selbstständigen Regierungsbezirk Grenzmark Posen-Westpreußen zählten, mochten das gar nicht. Wir nannten uns deshalb »Muss-Pommern«, da wir die Einverleibung unserer Grenzprovinz nach Pommern dem Gauleiter Schwede-Coburg zu verdanken hatten. Zum Glück ist das kleine Stoffschild zweckmäßigerweise an den drei Ecken mit Druckknöpfen versehen und dadurch leicht ablösbar. Ich greife also unter zwei Mäntel und einen Pullover, knöpfe das Schildchen ab und lasse auch dieses verschwinden. *»So kann mir jedenfalls in dieser Beziehung keiner so leicht was anhaben«* – mit diesem Satz endet der Tagebucheintrag zum 26. Januar 1945.

27. Januar

Seit gestern Abend harren wir im Backhaus aus. Bis Mitternacht hat man uns in Ruhe gelassen, sodass Christian und ich sogar ein wenig geschlafen haben. Gegen zwölf Uhr nachts dann die ersten Russen, die mit Taschenlampen in die Backstube leuchten. Im ersten Moment – ein tiefer Wunsch lässt mich dies hoffen – halte ich die Männer für deutsche Soldaten; erkenne sie hinter dem grellen Lichtkegel jedoch nicht. Dann aber höre ich ein raues »ruski«, erschrecke. Mit den großen Stablampen leuchten sie in alle Ecken und in jedes Gesicht. Unter uns Frauen und Kindern ist ein einziger Mann. Er ist kriegsversehrt, ein Mantelärmel hängt schlaff herunter. Mit Frau und Tochter war auch er in unserem Zug. Ihn untersuchen die Russen, finden seine goldene Taschenuhr, die sie kassieren. Doch vermuten sie mehr bei ihm, Waffen oder vielleicht ein Taschenmesser.
Erst jetzt durch die filzenden Rotarmisten erkenne ich im Schein ihrer Lampen, dass das Backhaus aus zwei Räumen besteht, deren breite Verbindungstür offen steht. Gestern wähnte ich die Polinnen noch an der

rückwärtigen Wand einer einzigen großen Backstube liegend, nun zeigt sich eine Türöffnung zwischen ihnen und dem vorderen Raum. Möglicherweise ist es hinten sicherer. So gehe ich mit Christian in diesen hinteren Teil des Backhauses, in dem außer den Polinnen noch mehr Frauen auf dem Boden kauern. Deutsche Frauen. Wir legen uns zu ihnen.

Später in der Nacht blenden uns andere Russen mit ihren Taschenlampen. Einer fragt mich etwas – ich verstehe es nicht, entnehme aber aus dem »Ja« einer Polin, die statt meiner antwortet, dass er wissen will, ob ich Deutsche bin. Die Deutschen unter den Frauen scheinen größtenteils aus östlicheren Landstrichen zu kommen, in denen eine gewisse Zweisprachigkeit verbreitet ist. Sie alle sind ebenfalls Gestrandete unseres Zuges und geben sich nun wegen ihrer Sprachkenntnisse als Polinnen aus. In Schneidemühl dagegen kannte ich außer unserer Hucki keinen Einzigen, der die polnische Sprache beherrschte. Hucki – die erste Sekretärin meines Vaters, der wir Kinder in Abwandlung ihres Nachnamens Hutek den Kosenamen Hucki gegeben haben – stammte aus einer deutsch-polnischen Familie. Anlass genug für einen Besuch der Gestapo bei Vati.

Bei Morgendämmerung beginnt vor dem Backhaus ein Höllenkonzert. Wild wird in der Gegend herumgeschossen. Verängstigt bleiben wir liegen. »*Wie gerne wären wir noch ausgebüxt*«, schrieb ich als junges Mädchen. Noch ist Hoffnung in uns. So sagt Christian mehrmals: »*Gabi, wollen wir doch jetzt.*« Das schmerzt mich, da auch ich mir nichts sehnlicher wünsche. Doch was sollte ich tun? Es gibt nur die eine

Tür hinaus aus dem Backhaus, und vor dieser steht ständig ein russischer Posten. Gäbe es doch eine unsichtbare Falltüre! Wir aber sitzen in der Falle.

Langsam wird es hell draußen. Inzwischen gibt ein Russe dem anderen die Klinke in die Hand. Als sie die Brote auf den Regalen entdecken, sind wir diese los – bis auf zwei, drei Laibe, die ein paar mutige Polinnen ihnen wieder entreißen und zurück auf den Backofen legen. Mit ihrem Polnisch können sie mit den russischen Soldaten wenigstens einigermaßen kommunizieren. Aus der einzigen Wasserleitung kommt kein Tropfen mehr. Entweder ist sie eingefroren, oder die Pumpanlage funktioniert nicht. Und das lauwarme Kühlwasser des Backofens ist längst verbraucht. Wir haben Durst.

Am frühen Vormittag schauen zwei deutsche Bäckerlehrlinge herein. Zu arbeiten gibt es heute nichts für sie, doch ihre jungenhafte Neugier treibt sie an ihren entfremdeten Arbeitsplatz. Nach ihnen wagt sich auch ein Flüchtlingsjunge zu uns. Er mag zwölf Jahre alt sein, bleibt etwas länger und berichtet, dass auch er mit einem Flüchtlingstreck in Gornitz hängen geblieben ist. Untergekommen ist er mit seiner Mutter im Haus des Bäckers. Er macht einen aufgeschlossenen Eindruck, ängstlich wirkt er nicht. So bitten wir ihn, uns Kaffee zu organisieren. Er willigt ein, bevor er ins Haus zurückgerufen wird. »Günther«, höre ich.

Zu kleineren Kindern sind die meisten Russen sehr freundlich. Einer schenkt Christian sogar eine kleine Parfumflasche, die mit Wasser gefüllt ist. Christian möchte sie für seine Mimi aufheben. Die Tochter des Kriegsversehrten stellt sich krank. Ich frage mich,

Eintrag zum 27. Januar 1945 im Fluchttagebuch (Auszug)

warum. Sie soll siebzehn oder achtzehn sein. Ich finde, sie sieht viel älter aus. Sie ist zudem auffallend groß. Zusammengesackt hockt sie nun mit hängendem Kopf da. Ihre Mutter meint, die Russen seien im Allgemeinen gar nicht so schlimm. Würden nur Frauen und Mädchen »vergewaltigen«, habe sie gehört. Zum ersten Mal dringt dieses Wort in meine Ohren, von dem ich nicht weiß, was damit gemeint ist. Etwas Gutes scheint es nicht zu bedeuten – doch weshalb sagt sie dann »nur«? Fragen mag ich niemanden, sind mir die Frauen doch fremd. Ratsam aber scheint es mir, mich mehr im Hintergrund zu halten. Jetzt verstehe ich auch eher, warum Mutter und Tochter so erstaunt gewesen sind, als ich vorhin einen russischen Panzerfahrer vertrauensvoll gefragt habe, ob er in Richtung Kreuz fahre. Denn dann möge er doch Christian und mich bitte mitnehmen. Von dort hätten wir vielleicht eine größere Chance, doch noch nach Westen durchzukommen. Das aber habe ich dem Russen nicht anvertraut. Nun bin ich nachträglich froh, dass der Panzerführer auf meine Frage nicht anbiss; vielleicht hat er mich auch überhaupt nicht verstanden. Manche Russen verstehen etwas Deutsch, radebrechen auch in unserer Sprache. Andere wiederum reagieren erst gar nicht oder wollen es nicht.

Die Frauen schneiden etwas Brot für alle auf. Hunger verspüre ich jedoch keinen. Der Durst ist ärger. Als ein paar Russen merken, dass wir nur trockenes Brot haben, organisiert einer einen ganzen Eimer Schmalz und ein Glas Leberwurst für uns. Und Günther hat Wort gehalten und für Kaffee gesorgt. Auf die ständige Gesellschaft von Rotarmisten jedoch würden wir lieber verzichten. Ein noch recht junger Soldat kritzelt mit der Spitze eines alten Säbels irgendetwas auf den Boden, sagt dazu »ruski – nimiec«, dann wieder »ruski« und »nimiec«, als bete er einen Rosenkranz. Vielleicht meint er mit der Kritzelei die Frontlinie. Was »nimiec« heißt, weiß ich – noch nicht.

Immer häufiger fragen die Kerle nun nach Uhren, sagen meist »uri, uri«. Sehr freundlich wirken sie nicht dabei. Bis jetzt hat mich keiner angesprochen, doch traue ich dem Frieden nicht. Ich trage Vatis Sportuhr am linken Handgelenk, die seit Weihnachten mir gehört. Als ich mich unbeobachtet fühle, nehme ich sie ab und binde sie Christian oberhalb seines Ellenbogens um den zierlichen Oberarm. Bei ihm scheint sie mir sicherer, weil die Russen bei kleinen Kindern keine Uhren vermuten. Und sollte einer doch Christians Ärmel kontrollierend übers Handgelenk schieben, kann er die Uhr oben nicht sehen. Eine der Frauen hat ihre freiwillig einem wütenden Russen ausgehändigt, erhielt sie aber bald zurück. Eine Frauenuhr wollte der Kerl dann doch nicht tragen. Manch ein Rotarmist hat bereits mehrere Uhren ums Handgelenk gebunden. Wie Trophäen. Offensichtlich sind Armbanduhren für den einfachen Soldaten in Russland unerschwinglich.

Auf den Mann unter uns haben es die Soldaten besonders abgesehen. Sie filzen ihn nicht nur regelrecht, sondern tun dies auch voller Wut. Sind überzeugt, dass er den Arm an der russischen Front verloren hat. Anders kann es für sie nicht sein. Und das macht sie wild. Immer wieder fragen sie ihn nach »uri, uri«; haben Futter und Innentaschen seines Mantels aufgeschnitten, weil sie nicht glauben, dass er keine mehr hat.

Drohen, ihn zu erschießen, falls sie doch eine bei ihm finden. Dann passiert es. Ein Russe ertastet zwei oder drei Kugeln eines Kleinkalibers in einer seiner Taschen. Sie könnten für ein Tesching sein. Der Russe sieht rot, greift nach einem herumliegenden Stück Eisen und will damit auf den Deutschen einschlagen. Eine Frau mit Polnischkenntnissen kann ihn gerade noch zurückhalten und redet besänftigend auf ihn ein.

Nun bekommt es die Frau des Versehrten mit der Angst zu tun – in ihrem Gepäck hat sie noch eine zweite Taschenuhr ihres Mannes. Sie kramt sie hervor, als es niemand merkt, und steckt sie mir zu. Ich will sie nicht haben; eine Herrentaschenuhr wäre auch für mich gefährlich. Ich gebe sie ihr zurück. Soll sie die Uhr doch freiwillig herausrücken, wenn sie die Hosen voll hat.

Es ist gegen Mittag, als wir lautes Flugzeuggebrumm vernehmen. Augenblicklich stürzen alle Russen ins Freie. Es scheinen deutsche Jäger zu sein, hört man doch den gegenseitigen Beschuss. Die knatternden Garben der Flugzeugkanonen und die schweren Abschüsse aus den Panzerrohren. Das Luftgefecht spielt sich direkt über dem Backhaus ab. Unwillkürlich ducken wir uns, hoffen aber im tiefsten Inneren, dass »Unsere« die Oberhand gewinnen. So plötzlich, wie der Lärm losgebrochen ist, verstummt er nach einer ohrenbetäubenden Explosion. Ein Flugzeugabsturz? Nein, eher ein Panzer. »*Ach, wenn unsere Deutschen doch bloß erst wieder da wären. Das kann doch nicht so bleiben!*«

*

50

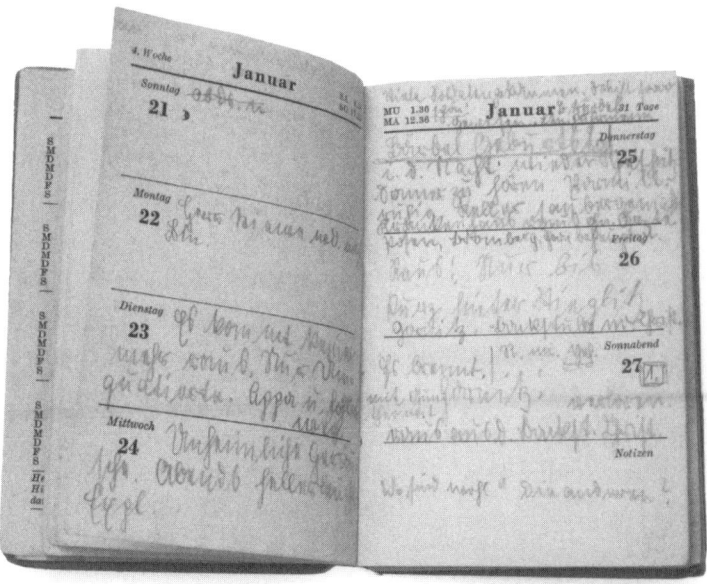

Wertvolle Notizen im hellblauen Taschenkalender Ende Januar 1945

Woher ich damals um die Uhrzeit wusste, kann ich heute nicht mehr nachvollziehen. Vielleicht schob ich ab und zu Christians Ärmel schnell bis über den Ellenbogen hinauf. Jedenfalls war es gegen drei Uhr nachmittags, als die Russen viele Menschen ins Backhaus trieben.

Jetzt sortieren sie nach Nationalitäten; alle Deutschen müssen in den hinteren Raum des Backhauses. Dort gibt es ein kleines Fenster, durch welches ich beobachte, wie draußen weitere Menschen erst am Backhaus vorbei in Richtung eines kleinen Waldstückes gejagt, dann aber plötzlich wieder zurückgetrieben werden. Auch diese Leute schieben sie noch zu uns ins Backhaus rein. Es sind Dorfbewohner, die ihre Häuser und Wohnungen verlassen mussten. Sitzen kann nun niemand mehr. Dicht wie die Heringe in der Dose stehen wir zusammengedrängt. Einige Frauen beginnen zu jammern und lamentieren. Sind überzeugt, dass die Panzer das Backhaus zusammenschießen werden. Auch ich halte es für möglich oder gar wahrscheinlich, reagiere aber innerlich ziemlich stoisch. Auch Christian bleibt ruhig; weint nicht, hält nur ganz fest meine Hand, damit wir uns nicht verlieren. Dieses Band zwischen uns tut auch mir gut. Im Vorraum des Backhauses lungern stets ein paar Russen herum. Zu ihnen haben sich »Flintenweiber« gesellt, wie wir die russischen Soldatinnen nennen. Mir graust es bei deren Anblick. Und das nicht nur ihrer verdreckten Pelze wegen. Aus ihren Augen spricht kalter Hass, wenn sie uns fixieren.

Früh beginnt es zu dämmern, sodass wir erneut den grellen Lichtkegeln der großen Taschenlampen ausgesetzt sind. Unter der Dorfbevölkerung sind auch Männer, die nun nach und nach einzeln rausgeholt werden. Bis auf einen kommen sie alle zurück. Der, den wir vermissen, war jünger. Es wird erzählt, dass er versucht hat fortzulaufen. Ein paar Russen haben hinter ihm hergeschossen und ihn tödlich getroffen. War es nicht erst gestern, als uns die Bauern die Russen als sehr freundlich beschrieben haben? Nur vierundzwanzig Stunden später reagieren die inzwischen verängstigten Menschen erstaunlich teilnahmslos auf die Erschießung des jungen Dorfbewohners. Sie bangen um ihr eigenes Leben.

An der Zwischentür verhandelt ein Russe unentwegt mit einem großen Mädchen. Sie solle mit ihm kommen, keine Angst haben. Das Mädel weint, glaubt den Versprechungen nicht, er würde ihr nichts tun. Ihre

Weigerung lässt den Russen hörbar ungemütlich werden. Da fürchten die anderen Deutschen um ihre eigene Haut, drängen das Mädchen, endlich mitzugehen. Schließlich bleibt ihr nichts anderes übrig, der Russe zerrt sie raus.

Immer häufiger richten sich nun die Lichtkegel suchend auf große Mädchen. Ich empfinde zunehmend Angst, obwohl ich nach wie vor nicht weiß, wovor ich mich zu fürchten habe. Was wollen denn die Kerle? So gut es geht, ducke ich mich. Mein zehnjähriger Begleiter weiß erst recht nicht, wovor er mir Schutz zu bieten versucht; weiß nur, dass auch ich ein relativ großes Mädchen bin, und stellt sich so breit vor mich hin, wie es ihm seine Knabengestalt erlaubt. Da kommt ein Russe rein und radebrecht laut: »In einer Stunde geht die Front weiter – alle raus!« Ganz, ganz fest halten wir uns, Christian und ich. Ich versuche, mich tief gebückt zwischen den Menschen, die hinausdrängen, zu verbergen. Doch blöd sind die Kerle nicht – sie leuchten zwischen die Leute. Einer sieht mich, hält mich am Brotbeutel fest. Ich versuche, die Tasche abzustreifen. Da greift der Russe nach meinem Mantel, hält mich daran fest. In unwissender, aber ahnungsvoller Angst beginne ich zu weinen. Behaupte nun auch, krank zu sein, im verzweifelten Glauben, mich so schützen zu können. Der Russe lässt nicht locker. Christian weint auch, lässt meine Hand aber nicht los. Ganz fest klammern sich unsere Finger umeinander. Dann reißt der Unmensch uns gewaltsam auseinander. Weshalb nur muss er uns das antun?

*

Nachdem er uns brutal getrennt hat, gibt sich der Kerl
scheinheilig freundlich. Keine Angst brauche ich zu
haben! Behauptet wie der andere vorhin dem Mädchen gegenüber, er täte mir nichts. Warum hat er mich
dann aber gewaltsam zurückgehalten? Mich ganz alleine. Außer ihm und mir ist nun niemand mehr im
Backhaus. Tiefe fragende Furcht breitet sich in mir
aus. Was nur will er von mir?

Von Sekunde zu Sekunde wird mir klarer, was die mit
uns Mädchen vorhaben. Etwas, von dem ich bisher
nichts wusste, nichts ahnte in meiner bis zu diesen Sekunden kindlichen Unberührtheit. Niemand hat mich
aufgeklärt, weder die Mutter noch die älteren Schwestern. Obwohl ich vor einigen Monaten die erste Blu-
tung hatte. *»Ich bin noch so schrecklich dumm!«*,
werde ich später mit sechzehn notieren.

Der Grobian bleibt nicht alleine mit mir. Gegen sieben
oder acht Russen wehre ich mich – wehre mich er-
folgreich, sie können mir nicht wirklich etwas antun.
Das bemerke ich, spüre es auch. Doch besudelt fühle
ich mich – habe die Menstruation. Dann bin ich allein,
mutterseelenallein.

*

Mir fällt das kleine rückwärtige Fenster ein. Ob ich da
raus kann? Ich taste mich hin. Es ist zu schmal, selbst
ein Kind könnte nicht hindurch. So bleibt nur die Tür
zur Dorfstraße. Angstvoll öffne ich sie – auch jetzt ein
russischer Posten davor. Und taghell ist es. Ein bren-
nender Treckwagen steht vor dem Backhaus. Ich versuche, mich hinter dem Russen vorbeizuschieben, ums

Backhaus herum zum Wald zu laufen, in dem ich all die anderen vermute. Auch Christian. Doch der Russe merkt es, obwohl er mit dem Rücken zum Backhaus steht. Dreht sich um. Ich muss stehen bleiben. Zwinge mich, ihn mit ruhiger Stimme zu fragen, ob ich den anderen nachgehen könne. Er versteht meine Frage. »Nein«, sagt er und will wissen, wie viele Russen im Backhaus gewesen sind. Dann schickt er mich ins Wohnhaus des Bäckers, in dessen Küche sich auch jetzt viele Menschen drängen. Unter ihnen erkenne ich die beiden Bäckerlehrlinge, die vormittags zu uns ins Backhaus geschaut haben.

In die Menschenmenge hinein rufe ich nach Christian – immer wieder. Nur um ihn sorge ich mich, an ihn denke ich. Mein eigener tiefer Schmerz erreicht mich noch nicht. Ich scheine unter einem Schock zu stehen, unter dem ich noch nicht zu übersetzen vermag, was mir geschehen ist. In diesem Zustand frage ich schließlich einen Russen nach dem Jungen. Merke zu spät, welche Dummheit ich damit begehe. Drüben im Zimmer sei er, sagt der Schuft, ich solle mitkommen. Ich weigere mich. Er zerrt mich aus der Küche. In dem Zimmer ist niemand. Wie konnte es auch anders sein. Wüst sieht es dort aus. Da schiebt sich noch einmal mein kindliches Denken vor mein inzwischen klares Wissen. Vielleicht ist Christian etwas passiert, vielleicht liegt er wirklich dort im Dunkel des Zimmers. Doch wenigstens das ist nicht so. Wie konnte ich bloß glauben, dass es einen Russen interessiert, ob sich zwei Kinder suchen?

Wieder kämpfe ich, wieder mit Erfolg, obwohl der Gegner ein wütender kräftiger Mann ist. Angst gepaart mit verzweifeltem Zorn, geboren aus dem Stolz einer Fünfzehnjährigen, mobilisiert in mir Kräfte, die über jene hinausgehen, die mir im spielerischen Kampf mit fast gleichaltrigen Jungens gewachsen sind. Als mir der Russe seine Pistole an den Kopf hält, mich mit dieser Drohgebärde zu besiegen hofft, signalisiere ich ihm ein Ja, wild entschlossen, mir nichts antun zu lassen. Der Mann lässt die Waffe sinken, steckt sie in den Halfter zurück, versucht mich zu würgen. Seine Wut ist rasend. In dem Moment blickt eine Frau zur Türe herein – ich schreie um Hilfe. Da endlich lässt der Kerl von mir ab. Ich versuche zu entwischen. Stoße an der Tür mit dem nächsten Russen zusammen, der mich zurückhalten will. Ich reiße mich los. Da lassen sie mich gehen, zurück in die Küche, wo die anderen sind.

Kurz darauf werden wir alle aus dem Haus getrieben. Etliche Häuser brennen auf beiden Seiten der Dorfstraße. Wieder suchen meine Augen zwischen den Menschen nach Christian. Vergeblich. Wo mag er nur stecken? Mein Gefühl sagt mir, dass auch er bisher überlebt hat. Doch wohin hat ihn dieses Kriegschaos geschleudert? Da fällt mein Blick auf Günther. Auch er sieht sich suchend um, hat seine Mutter aus den Augen verloren. Wir schließen uns zusammen.

Gemeinsam gehen wir die Dorfstraße entlang. Laufen dürfen wir nicht, so viel wissen wir inzwischen. Auch auf in Angst fliehende Kinder richten die Rotarmisten erbarmungslos ihre Karabiner, drücken ab. Zwischen den Häusern, die in Flammen stehen, gehen wir etwas schneller. Zum einen, weil uns das Knistern des Feuers unheimlich ist, zum anderen, weil uns dort die herumstehenden Russen besonders scharf ins Visier nehmen können. Hin und wieder erklingt auch ein »stoi«, der Befehl zum Stehenbleiben. Günther, obwohl noch ein Kind, ein eher zierlicher Junge, erklärt den Soldaten dann mit ruhiger Stimme, ihre Kameraden hätten uns die Straße hinuntergeschickt. Da auch er wie ich weder Polnisch noch Russisch kann, ist mir nicht klar, ob die Russen ihn verstehen. Jedenfalls dürfen wir weitergehen, wahrscheinlich weil wir für sie Kinder sind, die sie weniger hart anfassen. Nach einer Zeit – sie kommt mir ewig vor – haben wir die lodernden Flammen und die mit uns aus dem Haus gejagten Menschen hinter uns gelassen. Günther, auf der Suche nach seiner Mutter, folgt einem Stimmengewirr, das verhalten von einem Hof herüberschallt. Ich bleibe bei ihm. Auf dem Hof stehen etliche Menschen zusammen. Sie wirken in der Dämmerung wie eine Herde entlaufener verängstigter Tiere. Günther ruft – seine Mutter antwortet. Mit seiner kleinen Schwester hat sie sich dieser Menschengruppe angeschlossen. Ich erkenne die Bäckersleute, höre ein zartes Stimmchen – ein Baby in einem Körbchen. Sechs Wochen ist es alt, erzählt die Mutter. Man habe ihr nicht einmal Zeit gegeben, ein Mützchen für das Kleine zu suchen, als die Russen sie aus der Wohnung getrieben haben. Und das bei dieser Januarkälte.

Lange bleiben wir auf diesem Hof nicht unbeobachtet. Auch russische Soldaten werden von dem Stimmengewirr angelockt. Einer von ihnen bedeutet uns, ihm zu einem höher gelegenen Haus zu folgen. Dort scheucht er uns alle durch einen dunklen Flur in ein ebenso dunkles Zimmer – wie Hühner in einen viel zu kleinen Stall. Aus dem Dunkel erklärt eine gequälte Frauenstimme, wo eine Petroleumlampe zu finden ist. Streichhölzer liegen daneben. Im kümmerlichen Schein der rußenden Flamme werden nach und nach die Umrisse des kleinen Zimmers sichtbar. Gegenüber der Türe, durch die wir hineingeschoben wurden, steht ein Bett an der Wand. Von dort ist auch die Stimme gekommen, die einer verwundeten Frau gehört. Sie gibt sich als Tochter der Hausbesitzer zu erkennen, die vor den russischen Panzern irgendwohin in die Abbauten geflohen sind. Auch die Tochter wollte zusammen mit Vater und Bruder davonlaufen, wurde jedoch von einer Kugel aus den Gewehren der ihnen hinterherschießenden Russen getroffen. Das Geschoss hat das eine Bein durchschlagen. Die Frau scheint starke Schmerzen zu haben, jammert unentwegt aus den Kissen heraus. Sie hat auch Kinder bei sich.

Von der Tür aus gesehen an der linken Wand mache ich die Konturen eines Fensters aus – des einzigen in dem Raum. Gleich rechts neben der Tür ein kleiner Kachelofen, in dem ein paar Frauen Feuer zu machen versuchen. Holz liegt noch daneben. Die verwundete Frau hatte nicht heizen können; so ist es kalt in der Bude. An der rechten Wand, angrenzend an den Ofen, ist eine zweite Tür zu erkennen. Uns aber ist verboten worden, das sich dahinter befindende Zimmer zu betreten. Erst am lichten Tag werde ich nach und nach einen Eindruck von den Räumlichkeiten des kleinen bescheidenen Hauses gewinnen können. In dem uns zugewiesenen Zimmer steht in der Mitte ein rechteckiger Tisch. An den Ofen schmiegt sich eine kleine Bank. Ein paar Stühle gibt es auch – mehr Inventar kann ich nicht entdecken. Das Zimmer ist viel zu klein für schätzungsweise dreißig Menschen, mit denen ich dort zusammengepfercht bin. Ausschließlich Frauen und Kinder hocken auf engem Raum zusammen. Einen Mann gibt es nicht unter uns.

Ich weiß nicht, wie spät es an diesem zweiten Abend meiner Flucht ist, als ein naher Schuss uns zusammenzucken lässt. Irgendjemand hat ihn nebenan in der Küche abgefeuert, durch die wir anfangs vom Flur aus geschoben wurden. Zu jenem Zeitpunkt jedoch habe ich den dunklen Raum nicht als Küche erkennen können. Gleich nach dem lauten Knall stolpert ein betrunkener Russe ins Zimmer. Er fuchtelt mit seiner Pistole herum, aus der er den Schuss abgegeben hat. Voller Angst versucht sich einer hinter dem anderen zu verstecken, Deckung zu finden vor weiteren Schüssen. Die Jungens unter den Kindern verkriechen sich zum Teil unter den Tisch; andere stehen erschrocken hinter der geöffneten Tür. Den größten unter ihnen holt der Betrunkene unter dem Tisch hervor, hält ihm die Pistole auf die Brust. Der Junge bleibt ganz ruhig. Er ist fast so groß wie die besoffene Gefahr vor ihm. Der Russe hält sein nahes Gegenüber für einen Soldaten, da der junge Bursche einen langen Luftwaffenmantel anhat, der ihm – sichtbar zu groß – bis auf die Schuhe reicht. Auf einen vom Schnaps benebelten Russen aber wirkt der Mantel wegen der blanken Uniformknöpfe verräterisch.

Später erfahre ich, dass der Junge Ewald Kuske heißt und so alt ist wie ich. Er fixiert den Russen, dreht ihm geistesgegenwärtig die Pistole nach unten. Mit der Unberechenbarkeit von Betrunkenen reagiert der Soldat zunächst überraschend freundlich darauf. Als würde er nur mit ihm spielen. Dann wieder brüllt er herum, droht, dass das Haus in die Luft ginge, wenn es einer von uns wagen würde, das Zimmer zu verlassen. Unter die Treppe habe er nämlich eine Sprengladung gepackt. Wo allerdings eine Treppe ist, weiß ich noch nicht. Sein nächstes Opfer ist Günther. Auch ihn zerrt er unter dem Tisch hervor, auch ihm droht er mit der Pistole. Günther, den ich für höchstens zwölf gehalten habe, ist dreizehn Jahre alt. Er scheint aber selbst auf den Russen sehr viel jünger zu wirken, sodass er ihn bald in Ruhe lässt.

Der randalierende Kerl hat mit seinem Geschrei drei Kameraden auf sich aufmerksam gemacht, die nun auch zu uns kommen. Sie sind erheblich jünger als der Wüterich und versuchen, den Alten zu beruhigen. Als das nicht gelingt, drohen sie nun ihrerseits mit der Waffe – dem Betrunkenen! Schließlich gelingt es ihnen, den Kameraden an die Luft zu setzen. Sie selbst bleiben noch bei uns. Es sind freundliche junge Soldaten. Nicht alle Rotarmisten reagieren voll Hass auf die Deutschen, so wie es ihnen Ilja Ehrenburg über Flugblätter eingepeitscht hatte. Mit dieser Bemerkung greife ich weit voraus. In dem Moment, als diese ruhigen Soldaten auch mich aufatmen lassen, weiß ich noch nichts von Ehrenburgs Hasstiraden. Die jungen Russen reichen uns dagegen reihum die Hand, tätscheln die Kinder, von denen sie die kleinsten sogar auf den Arm nehmen. Sie drücken Küsse auf die Kinderwangen und versuchen, uns zu beruhigen. Morgen müssten sie weiter, erzählen sie. Vorher aber kämen sie nochmals zu uns. Dann verlassen auch sie das Haus.

Nun erst lerne ich Ewald kennen. Er stammt aus der Bromberger Gegend. Und ist so allein wie ich; das verbindet uns instinktiv. Die Eltern haben im Brombergischen ein kleines Anwesen. Seine sechs oder sieben älteren Brüder sind alle im Feld. Daher auch der große Luftwaffenmantel von einem der Brüder, den Ewald zum Schutz gegen die Kälte über seine warmen Sachen gezogen hatte, als er trotz seiner erst fünfzehn Jahre die Verantwortung für einen kleinen Treck übernehmen musste. Mit einer Frau mit mehreren Kindern hätte er in den rettenden Westen fahren sollen. In Gornitz jedoch überrannte auch ihn die russische Panzerfront. Sie trennte ihn vom Treck und seinen Schutzbefohlenen. Von seinen Eltern weiß Ewald nichts. So wie ich nichts von meiner Mutter – und von Juliane. Jedes Mal, wenn ich versuche, an meine Schwester zu denken, beschleicht mich ein dunkles ungutes Ahnen. So verscheuche ich diese Gedanken.

Ewald sucht sich am Fenster einen Platz. Mir ist es dort zu unsicher – von draußen kann man leicht in unser Gefängnis hereinschauen. Auch zieht die Winterkälte durch den undichten Fensterrahmen ins Innere. So setze ich mich in die Nähe des noch warmen Ofens. Lange dauert es nicht, bis sich der nächste russische Soldat neugierig bei uns umschaut. Da ich dicht neben der Türe sitze, fällt sein erster Blick auf mich. Wie alt ich bin, erkundigt er sich in einem Ton, der ehrliches Interesse signalisiert. Dreizehn, antworte ich ruhig, im Wissen, dass mein Aussehen den Schwindel nicht verrät. Er sei auch erst achtzehn, meint der Soldat. Sein friedlicher Ton lässt mich meine Lüge vergessen – dann sei er nur drei Jahre älter als ich, rutscht

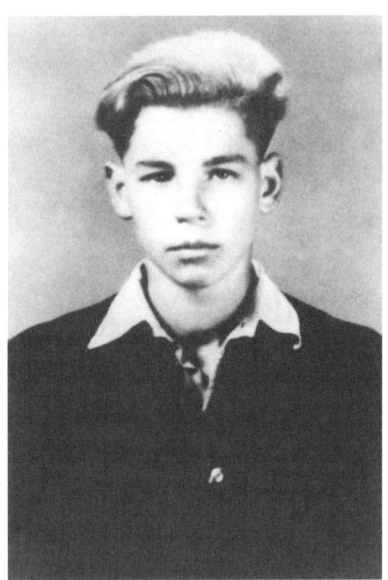

Ewald Kuske – das Foto überließ mir der DRK-Suchdienst

es mir heraus. Ewald hat vom Fenster her das kurze Gespräch aufmerksam verfolgt. Er verbessert mich. »Nein, fünf Jahre«, ruft er herüber. Still danke ich ihm. Dem jungen Russen scheint nichts aufgefallen zu sein, sein Blick bleibt freundlich auf mich gerichtet. Da meldet sich spontan meine Sorge um Christian. Ich vertraue sie ihm an. Er werde nach ihm suchen, verspricht er, bevor er unser Zimmer verlässt. Groll gegen uns scheint er nicht zu hegen.

*

Die nächsten russischen Laute in der Küche. Ein kurzes Trampeln, und schon stehen sie im Zimmer. Zwei weniger friedliche Rotarmisten. Ihre Blicke schweifen prüfend herum. Zwei unverheiratete junge Frauen sollen zum Offizier kommen, behaupten sie schließlich. Der wolle mit ihnen verhandeln. Ein plumper Vorwand, den keiner von uns glaubt. Das erste Opfer entdecken sie schnell, zerren es hervor. Das Mädchen ist ungefähr zwanzig Jahre, beginnt zu weinen, will nicht mitgehen. Die Soldaten kümmert das wenig, sie suchen gierig nach einem zweiten Opfer. Der Blick des einen bleibt an mir hängen. Ich soll mitkommen – eine unserer Frauen hat übersetzt.

Ich bitte diese Frau um Hilfe. Sie ist Schwarzmeer-Deutsche und vielsprachig aufgewachsen. Polnisch, Russisch, Ukrainisch – diese Sprachen beherrscht sie neben unserer Muttersprache fließend. Sie solle den Russen sagen, ich sei krank, flehe ich. Sie schweigt, hat Angst. Ich sträube mich gegen das Gezerre des Bolschewiki – vergeblich. Die beiden stoßen und schieben uns zwei Mädchen durch Küche und Flur nach draußen und zwingen uns in ein abgelegenes Haus. Dort ist von einem Offizier natürlich nichts zu sehen; stattdessen zerschlagene Möbel, Scherben zerbrochenen Geschirrs, Unrat. Es packt mich kaltes Grauen. Licht gibt es auch nicht in diesem Haus, in dem nichts heil geblieben scheint. Dass ich trotzdem etwas schemenhaft erkenne, liegt an dem inzwischen sternenklaren Himmel. Mondlicht und reflektierender Schnee sind natürliche Lampen vor den Fenstern.

Die Kerle schieben uns in ein Zimmer, vorbei an zwei weiteren Soldaten. Es war wohl das Schlafzimmer der Besitzer. In eines der Betten werde ich hineingestoßen. Einer der beiden will sich über mich werfen. Mit all meiner Kraft stoße ich ihn zurück, einmal, zweimal …

Nun versucht auch der andere, mich zu überwältigen. Ich trete, wehre mich mit allem, was ich habe – Hände, Knie … Wütend zerreißt der Soldat meine Kleidung; doch es gelingt mir hochzukommen. Versuche, rauszulaufen. Da stößt mich der Rohling zu Boden, schlägt auf mich ein. »*Sind das denn noch Menschen?*«, steht in meinem Tagebuch. Meine Beherrschung wankt, ich weine. »*Aber tun sollen sie mir nichts. (…) Soll er doch schlagen, so doll er kann und will.*« Das andere Mädel ergibt sich kampflos der Gewalt. Es sei doch zwecklos, mich zu wehren, ruft sie wiederholt zu mir rüber. Kampflos? Nein, das wäre nicht ich. Ich versuche ein zweites Mal, aus dem Zimmer zu entwischen – wieder will der Russe mir nach. Jetzt aber stehen die zwei anderen Soldaten an der Tür, an denen wir vorhin vorbeigegangen sind. Sie sind jünger, ich setze alles auf eine Karte. Ich flüchte mich hinter ihre Rücken und flehe sie an, mir zu helfen. Da stehen sie mir wirklich bei, lassen den Wüterich nicht an mich heran. Ich sei zu klein, verstehe ich. Dann gehen sie raus – ich ihnen dicht auf den Fersen, bis hinaus ins Freie. Dort höre ich das Mädchen mir nachrufen, ich solle doch warten. Die zwei, die mich beschützt haben, gehen aber weiter. So bleibe ich in ihrer Nähe, aus Furcht vor der Wut dessen, der mich zu Boden geschlagen hat. Da ich in meiner Angst den Weg in das abgelegene Haus vorhin nicht verfolgt habe, frage ich die jungen Soldaten nach unserem Haus. Sie verstehen mich nicht; wissen wohl auch nicht, von wo uns ihre Kameraden verschleppt haben. Wortlos gehen sie weg.

*

Ich sehe ihn noch vor mir – den fast unberührten Schnee, in dem ich unter dem klaren Himmel verharre. Außer dem grauenvollen Haus in einiger Entfernung kein Baum, kein Strauch und kein menschliches Wesen. Dann plötzlich vor dem Haus die Soldaten, denen ich entkommen bin. Der eine erkennt mich im Mondlicht, droht mir mit der Pistole. Ich mache, dass ich wegkomme. Nur fort von dem Geisterhaus. Ich höre, dass mir nun das andere Mädel durch den knirschenden Schnee nachläuft. In sicherer Entfernung vom Haus und außer Sichtweite der beiden Russen verlangsamen wir unsere Schritte, gehen gemeinsam weiter, finden zu unserer Unterkunft.

Auf dem Weg dorthin erfahre ich Namen und Alter des Mädels. Ruth heißt sie, Ruthchen wird sie genannt. Obwohl sie wie zwanzig wirkt, ist sie nur zwei bis drei Jahre älter als ich. Ihr Haar verbirgt sie unter einem grünen, verwaschenen Kopftuch. Wie es Frauen auf dem Land zu tun pflegen, ist das Tuch unter dem Kinn geknotet. Ruth stammt vom Land, später erfahre ich mehr von ihr.

Dem kurzen Aufatmen, nachdem ich der Gewalt in dem bedrohlichen Haus entronnen war, folgt neues Erschrecken, als wir unsere Küche betreten. Aus dem anderen Zimmer tönen raue aggressive russische Stimmen. Ein paar Frauen haben sich bereits in die Küche geflüchtet. Unter ihnen die Frau vom Schwarzen Meer. Der Gefahr jedoch können wir nicht entkommen – auf dem Weg nach draußen gehen die brutalen Rotarmisten zwangsläufig an uns vorbei. Einer von ihnen greift gierig nach Ruthchen, zerrt sie zum Flur hinaus.

Innerlich zitternd, spüre ich den Blick eines – für mich – alten großen Russen, der mich fixiert. Ich wittere die Bedrohung, die von dem großen breitschultrigen Mann ausgeht. Auch die Küche hat ein Fenster zur Dorfstraße hinaus. Vor diesem in kleinem Abstand ein Küchentisch. Was noch an Mobiliar die Küche ausfüllt, verschwimmt vor meinen Augen.

Mein Brotbeutel, den ich wie einen letzten kostbaren Juwel durch alle bisherige Drangsal retten konnte, wird mir entrissen. Ich stehe zwischen Fenster und dem rechteckigen Tisch, der Russe mir gegenüber. Er untersucht meinen Beutel, wirft alles auf den Tisch, steckt aber nichts ein. Um Zeit zu gewinnen, sammele ich langsam all die Utensilien wieder ein, vermag aber nicht, den Soldaten dadurch von mir abzulenken. Ungeduldig gibt er mir zu verstehen, dass ich mich beeilen soll. Dann greift er über den Tisch und versucht, mich um diesen herum zur Türe zu ziehen, hinaus auf den Flur. Ich reiße mich los, gehe zurück hinter den Tisch, bestrebt, den Gierigen auf Distanz zu halten. Da wird er wütend, hält mir über den Tisch seine Pistole an den Kopf. *»Haben die denn gar kein Einsehen mehr? Soll das denn immer so gehen?«* Da flehe ich zum zweiten Mal die Schwarzmeer-Deutsche an, für mich zu dolmetschen, mir dadurch zu helfen. Doch wieder schweigt sie. Aus Angst, ich sehe es ihren Augen an. Ich werde mir bewusst, dass all die Frauen weit größere Angst haben als ich. Begreife, dass ich vergeblich auf Hilfe hoffe. Keine von ihnen steht mir bei. Und meine eigene Kraft lässt nach, ich spüre es.

Der alte Russe gewinnt den ungleichen Kampf, zerrt mich zu sich, nimmt mir den Brotbeutel ab und legt ihn auf die Fensterbank. Dann schiebt er mich vor sich her in den dunklen Flur. Wohin will er bloß mit mir? Erkennen konnte ich sie nicht, die unbeleuchtete kleine Treppe, die direkt vor der Haustüre rechts hinaufführt. Schmal und steil ist sie, über deren Stufen mich der Mann nach oben schubst auf einen Dachboden, in dem selbst ich unter dem niedrigen Dach kaum aufrecht gehen kann. Das fahle Mondlicht fällt durch das winzige Fenster einer kleinen Kammer, deren Türe offen steht. Vielleicht eine Mägdekammer oder einst die Schlafstatt eines Kindes. Doch nun herrscht in ihr ein Chaos. Grob stößt mich der Russe in das zerwühlte Bett. Mit letzter Kraft kämpfe ich, verzweifelt bemüht, mir den Kerl vom Leibe zu halten. Da greift er erneut nach der Pistole, setzt sie mir an die Schläfe. Der Mut, mit dem ich Stunden zuvor dieser Drohgebärde standgehalten habe, schwindet. Weicht tiefer Angst – der Angst, erschossen zu werden.

*

Ich kann nicht mehr, bin diesem Baum von einem Mann nicht gewachsen. Spüre ein tiefes Verlassensein – warum bin ich nicht zu Haus geblieben, warum haben sie mich fortgeschickt? Und doch flackert selbst in dieser grausamen Situation ein Funken Hoffnung in mir auf. »*Aber, das muss doch alles noch mal gut werden; diese Schweinehunde können doch noch nicht endgültig die Stärkeren sein!*« Die Verzweiflung der Fünfzehnjährigen verkehrt sich in unbändige Wut. Als ich die finstere Treppe hinunterstolpere, fängt mich der nächste Grobian ab. Erst danach gelange ich zurück ins Zimmer zu den anderen. Ruthchen scheint ebenfalls in einem verwüsteten Loch des Dachbodens gequält worden zu sein. Ihr Weinen und böse, aggressive Worte haben es mir oben verraten. Ob sie noch auf dem Dachboden ist? Unten herrscht Stille, keine Randalierer sind mehr zu hören. Das Feuer im Ofen ist erloschen, Kälte macht sich breit. Ich friere in den zerrissenen Sachen. Am ärgsten hat es meine grün-schwarze Skihose erwischt, die ich nur mühsam zusammenhalten kann; hatte ich doch keinen Gürtel durch die Schlaufen gezogen, wie es die Jungens tun. Die meisten im Zimmer schlafen schon, die kleineren Kinder alle. Vorsichtig taste ich mich durch die auf dem Fußboden liegenden Jungens hindurch. Dabei finde ich eine Decke, unter der vielleicht vorher ein Kind gelegen hat, das nun bei der Mutter schläft. Bei etwa dreißig Menschen in diesem Raum ist es ein vergebliches Unterfangen, zwischen den Schlafenden ausreichend Platz auf dem Boden zu finden. Schon gar nicht solchen, der mir ein wenig Schutz gewährt hätte. Wo Ewald sich versteckt, weiß ich nicht. So klemme ich mich teils unter die Ofenbank, teils unter einen Stuhl, doch zum Ausstrecken ist es dort zu eng. Mein Rücken stößt gegen die erkaltete Ofentür. Ich ziehe die Decke so gut wie möglich über mich. An Schlaf ist nicht zu denken – im Innersten aufgewühlt, lausche ich furchtsam ins Dunkle, vernehme jedes Geräusch. So entgeht mir das Poltern in der Küche nicht, das mich weitere Gewalt befürchten lässt. Ein Zeitgefühl besitze ich nicht mehr; es muss tief in der Nacht sein, als die Tür aufgerissen wird. Dem Klang nach sind es mehrere Störenfriede, die die Schlafenden hochschrecken lassen und die Wachenden in Angst ver-

[handschriftlicher Tagebucheintrag in deutscher Kurrentschrift]

Eintrag zum 27. Januar 1945 im Fluchttagebuch (Auszug; vgl. S. 70) setzen. »*Wenn sie mich doch nicht finden mögen*« – ein Stoßgebet meiner Gedanken. Erhört wird es nicht. Als auch der letzte der Russen das Zimmer verlassen will, wird er auf mich aufmerksam, hocke ich doch dicht an der Tür unter meiner Decke. Er zieht sie weg, hebt meinen Kopf hoch. Ich stelle mich schlafend – da versucht er, mich hochzuziehen. Ich tue, als merke ich dies nicht. Das macht ihn wütend. Er zerrt mich hoch. Ich versuche zu weinen, bin aber tränenleer. »*Wann werden die mich endlich mal in Ruhe lassen?!*« Ich fühle mich ausgebrannt, kann nicht mehr verhindern, dass auch dieser Kerl mich durch Küche und Flur die Treppe hinaufstößt. Dann ein Versuch, den plumpen Körper abzuwehren – ich schaffe es nicht mehr.

Lese ich heute, was ich vor über sechzig Jahren niederschrieb, klingt es für mich wie das Bemühen eines Kindes, sich gegenüber Vorwürfen aus dem Mund von Erwachsenen zu rechtfertigen. »*Ich kann nicht dafür*«, steht dort. »*Ich habe bisher bestimmt alles versucht und meine ganzen Kräfte zusammengenommen; jetzt kann ich einfach nicht mehr. Auch innerlich nicht.*« Schließlich: »*Mir ist schon bald alles egal. Wenn doch irgendwie Schluss wäre.*«

*

Ich bin verzweifelt, spüre den Hohn in der gespielten Menschenfreundlichkeit der Schufte. Hätte ich nur geahnt, welcher Gefahr ich entgegenfahre – nie wäre ich von der Seite meiner Mutter gewichen. Wo nur kann ich mich im Zimmer verbergen? Wo ist ein Schlupfwinkel, in dem mich keiner findet? Wieder zurück im

Zimmer, greife ich nach der Decke, die noch neben dem Ofen liegt. Ich erkenne mitten im Raum das Babykörbchen, das auf Rädern steht. Hoch genug, dass ich wenigstens meinen Kopf darunter verstecken kann, der Platz davor genügt, um mich hinzulegen. Zwischen die Jungens, die mich verängstigt beobachten. Die brauchen doch nicht solche Angst zu haben, denke ich. Und dann: »*Warum bin ich bloß ein Mädchen?*« Ich fühle mich bestraft für mein Geschlecht, das ich schon als kleines Mädchen so gerne gegen das meiner Spielkameraden eingetauscht hätte.

Meine kurzen blonden Affenschaukeln schiebe ich tief unter die weiche dunkelblaue Wollmütze. Die soll mich etwas schützen, sind es doch auch die Zöpfe, die mich als Mädchen ausweisen. Ich ziehe die Decke über mich und halte sie ganz fest, damit keiner sie wegreißen kann. Auf diese Weise dürftig verborgen, horche ich wieder in das Dunkel hinein, nehme die Stimmen wahr, die später von der Küche her die Stille unterbrechen. Unsere Tür wird energisch geöffnet. Kurz darauf riecht es nach Gas. Derjenige, der die Türe aufgerissen hat, hat etwas ins Zimmer hineinströmen lassen. Ein paar Frauen jammern, sie sind überzeugt, dass die Russen uns vergiften wollen. Andere dagegen reagieren stoisch, haben keinen Lebensmut mehr nach allem, was sie erlebt haben. Mein Lebenswille aber ist noch nicht gebrochen. Ich halte die Decke dicht vor Nase und Mund und dadurch den Geruch und möglichen Geschmack von mir fern. Als wir merken, dass der Übeltäter die Küche verlassen hat, reißen wir unsere Türe weit auf – der Geruch verschwindet bald.

Wie spät mag es sein? Meine Gedanken wandern nach Hause. Die Vorstellung, von dort erst vor eineinhalb Tagen Abschied genommen zu haben, fällt mir schwer. Wo mögen sie sein – Mutti, Onkel Willi, Tante Marianne, Hedwig und Alexa? Sind sie noch dort – noch daheim?

28. Januar

Es ist noch früher Morgen. Die Frauen haben bereits das Rollo hochgezogen. Auch in diesem übersichtlichen Dorf lässt sich in jedem Haus selbst das kleinste Fenster verdunkeln. Eine strenge Vorschrift in den letzten Kriegsmonaten. Geschlafen hat wohl keiner letzte Nacht. Einige Male waren noch Russen im Zimmer und haben nach Mädchen oder jungen Frauen gesucht. Einer stand sogar auf mir drauf, merkte es aber nicht – und ich rührte mich nicht. Vielleicht war er zu betrunken, um den menschlichen Körper unter seinen Stiefeln zu spüren.

Draußen ist zu dieser frühen Stunde noch niemand zu sehen. Eine der Frauen guckt in der Küche nach meinem Brotbeutel. Auf der Fensterbank liegt er nicht mehr; auch sonst in der Küche findet sie ihn nicht. *»Nun habe ich wenigstens gar nichts mehr.«*

Ich frage Ewald, ob er mir seine HJ-Mütze leiht. Diese typische Jungensmütze mit dem kleinen Schirm. Sie ist aus dickem, schmiegsamem Stoff, dunkelblau und gut fünf Zentimeter hoch. Ewald gibt sie mir gerne. Da diese Mützen kein Emblem haben, sind sie von den Russen als Kopfbedeckung der männlichen Hitler-

72

jugend nicht zu erkennen. Ewalds Mütze ist mir etwas zu weit. So kann ich sie tief runterziehen und meine blonden Affenschaukeln darunter verstecken. Meine Wollmütze stopfe ich in die weite Manteltasche. Noch wagt niemand, die dicken Jacken oder Mäntel auszuziehen. Denn nichts ist vor dem Zugriff der herumstromernden Soldaten sicher – und wenn sie die Sachen einfach nur zerstören, weil sie selbst keine Verwendung dafür haben. Außerdem strahlt unser kleiner Ofen nur sparsam Wärme aus. Um den Holzvorrat zu strecken, wird nur wenig geheizt.

Die verwundete Tochter der Hausbesitzer hat mir eine schwarze Stiefelhose ihres Sohnes gegeben, friere ich doch in meiner zerrissenen Skihose, die nicht mehr zuzuknöpfen geht. Die Stiefelhose ist mir zwar viel zu weit, doch lässt sich der weiche obere Rand gut enger knoten. Kaum bin ich umgezogen, warnen uns auch schon die Frauen. Sie haben durchs Fenster Russen gesichtet. Wo mich verstecken? Vielleicht am Fußende des Bettes – dort kann ich mich mit dem Oberkörper auf das dicke Federbett legen. Ich stelle mich schlafend.

Sobald es richtig hell ist, zieht es die Russen wieder reihenweise zu unserem Haus. In der Küche scheinen ständig welche zu sein – und immer wieder kommen auch einige ins Zimmer. Ich höre, wie einer die Jungens anbrüllt. Er tobt, weil sie mit Messern und Gabeln spielen. Mit erhobenen Händen müssen sie aufstehen. Dann untersucht er ihre Taschen.

Ruth ist schon länger nicht mehr im Zimmer. Sie muss wohl von einem Russen mitgenommen worden sein. Ein anderer beobachtet mich schon eine ganze Weile – ich spüre es. Er lässt sich offensichtlich nicht von der

Schirmmütze täuschen. Schließlich fragt er unsere Dolmetscherin, die Schwarzmeer-Deutsche, wie alt ich sei. »Vierzehn«, gibt sie zur Antwort; so viel verstehe ich von der russischen Sprache schon. Da kommt er ans Bett und zieht mich hoch. Ich tue, als würde ich ihn nicht verstehen, und zeige ihm meine Manteltaschen. Zunächst geht er auf das Spiel ein und untersucht sie. Dann aber zieht und zerrt er an mir – will mich aus dem Zimmer rausschleppen. Seinen Kräften habe ich nichts mehr entgegenzusetzen. In der Küche und dann auf dem Hof wimmelt es von Russen. Als sie den Grobian mit seiner Beute sehen, reagieren sie voller Schadenfreude. Der bugsiert mich zu einer Scheune auf der anderen Hofseite, unserem Haus gegenüber. Schubst und stößt mich grob durchs Scheunentor. »*Da ist auch noch ein zweiter*«, schrieb ich nach der Flucht. Sonst nichts von dem, was mir geschehen ist, bevor ich zurück in unser Zimmer gekommen bin. Als Sechzehnjährige fand ich nicht die Worte, um das mich schmerzhaft Demütigende auch nur anzudeuten. Doch vergaß ich nie, mit welch angewidertem Zorn ich mich gegen das gierige Reißen, mit welcher Wut auch gegen das Hineinkrallen in meine Brust wehrte. Und die Gewalt danach… Zwei Bestien waren es.

Die Tiefe meiner seelischen Verletzung hatte ihre Wurzeln in den Anfängen meiner Pubertät. Übermäßig stark hatte ich unter der Veränderung meines sonst schmalen Oberkörpers gelitten. Von eher knabenhafter Gestalt, hasste ich, was mich als junges Mädchen auswies – versuchte, es zu verstecken. So erinnere ich mich bis heute an den Stich, den mir Julianes Worte einst versetzten, als sie mich an einem Abend im Unterhcmd sah. »Du könntest auch bald einen BH gebrauchen«, sagte sie. Noch aber trug ich keinen, besaß auch keinen. Meine Mutter, zu jener Zeit bereits mit mir alleine lebend, kümmerte sich nicht um solche Fragen. Das mich am 28. Januar 1945 tief schockierende Erlebnis sollte mich jedenfalls noch Jahrzehnte wie ein quälender Schatten verfolgen.

*

Wieder zurück bei den Frauen im Zimmer, verkrieche ich mich nicht mehr in dem nutzlosen Versteck im Bett. Meine Resignation steht in den Sätzen: »*Als ich wieder ins Zimmer reinkomme, setze ich mich auf die Bank am Ofen. Es hat ja doch alles keinen Zweck. Finden tun sie einen doch.*« Ruth ist auch jetzt noch nicht da. Ich beuge meinen Oberkörper weit nach vorne und lege meinen Kopf auf die Unterarme. In dieser Haltung stelle ich mich schlafend. Solchermaßen mein Gesicht verbergend, halten mich in der Tat etliche Russen für einen Jungen, beachten mich nicht, wenn sie reinkommen. Ich höre, wie ein Russe ein jüngeres Mädchen mitnehmen will, dessen Mutter ein über das andere Mal betont, ihre Tochter sei erst neun Jahre alt. Der Russe glaubt es nicht, sagt – die Dolmetscherin übersetzt –, die Deutschen hätten es auch so gemacht, viel schlimmer noch. Auch andere Rotarmisten haben mehrfach behauptet, die Deutschen hätten Eltern, Geschwister oder auch ganze Familien umgebracht, Kinder verbrannt und noch weit mehr getan. Ich kann es nicht glauben – und glaube es nicht. Weil ich an Vati und Onkel Reinhold denke, die solches sicher nicht getan haben. Vielmehr bin ich überzeugt, dass die russischen Soldaten mit diesen Anschuldigungen ihr Verhalten uns gegenüber rechtfertigen wollen.

Das Mädel wehrt sich vergeblich. Obwohl ich meinen Kopf nicht hebe, erkenne ich das Mädchen an seiner Stimme, weiß deshalb, dass sie weit älter als neun aussieht. Ich schätze sie auf mindestens dreizehn Jahre. Sie ist auch größer als ich. Als ihre Mutter mitgehen will, wird der Russe böse. Nun bricht das Mädel in Tränen aus, fängt an, laut zu beten. Auf Weinen jedoch reagieren die Kerle erst recht wütend. Nachdem dieser Wüstling sein Opfer gefunden und mit ihm das Zimmer verlassen hat, wird die Tür neben mir bald wieder geöffnet. Ein Russe hebt meinen Kopf hoch, erkennt mich wohl auch als Mädchen. Murmelt aber etwas von »zu klein« und lässt mich in Ruhe.

Lange halte ich die krumme Haltung, die mein Gesicht verbirgt, nicht aus. Schließlich richte ich mich auf und gebe auch Ewald die Mütze zurück. Einen wirklichen Schutz kann sie mir nicht bieten. Meine Zöpfe verstecke ich wieder unter der eigenen Mütze.

*

Am frühen Nachmittag bleibt es ziemlich ruhig. So trauen sich einige Frauen auf den Hof und zum Stall hinüber, in dem noch drei Kühe stehen. Seit gestern Vormittag ist niemand mehr dort gewesen. Die prallen Euter müssen endlich gemolken werden. Günthers Mutter, Frau W., kocht später die Milch ab, von der zuerst die kleinen Kinder etwas bekommen. Ewald hat sich zu mir an den Ofen gesetzt. Leise tauschen wir uns aus. Auch er glaubt wie ich fest daran, dass es bald wieder besser und dann auch gut werden wird, dass wir bald in unser beider Zuhause zurückkehren können. Als Ewald sieht, dass noch Milch übrig geblieben ist, holt er auch mir eine Tasse voll. Erst beim Trinken merke ich, dass ich hungrig bin. Brot ist keines mehr da. Auf dem Tisch liegen lediglich ein paar trockene abgebrochene Stückchen. Als ich versuche, ein paar Krümel davon zu essen, tun mir sämtliche Zähne weh – zumindest denke ich das zunächst, doch es waren wohl eher die Kiefer. Zu lange hatten sie nichts zu kauen gehabt und schmerzten nun beim Zermahlen der harten Brocken. Außer der Tasse Milch gibt es nichts zu trinken. Fließend Wasser hat das kleine Haus nicht, und die Pumpe auf dem Hof ist eingefroren. Nur in der kleinen Blechschüssel, die in der Küche in einem eisernen Dreibein hängt, war gestern noch etwas Wasser. Über Nacht aber ist es fast vollständig gefroren, sodass nur noch eine Pfütze am Boden war, als die Frauen ein Loch in die dicke Eisschicht geschlagen haben. Von diesem spärlichen Wasservorrat haben wir heute Morgen getrunken.

Die Nacht bricht bereits herein. Jemand zündet den Docht der Petroleumlampe an, nachdem das Fenster verdunkelt worden ist. Mir fällt das bisschen Nähgarn ein, das ich vorsorglich mit einer Nadel in die Tasche meiner Skihose gesteckt hatte, bevor ich vor zwei Tagen – wirklich erst vor zwei Tagen? – mein Elternhaus verließ. So könnte ich nun meine Hose notdürftig reparieren. Doch kaum habe ich die ersten Stiche getan, poltert es schon wieder in der Küche. Sofort werfe ich Hose und Garn hin und rutsche unter den

Tisch, unter dem schon zwei, drei Jungen liegen. Auch Ewald hat sich dort versteckt. Er zieht mich zu sich heran, legt sich ein wenig über mich und deckt mich mit seinem weiten Luftwaffenmantel zu. Auf diese Weise kann mich so leicht keiner finden. Für Ewalds Beistand empfinde ich tiefe Dankbarkeit. Niemand sonst hilft mir. Die Frauen denken nur an sich selbst oder ihre eigenen Kinder. Ewald und ich aber halten zusammen, obwohl wir uns doch erst seit gestern Nachmittag kennen. Wir sind beide allein in diesen Stunden der Flucht, getrennt von unseren Angehörigen – das verbindet uns.

Angestrengt lauschen wir. Unterscheiden zwei Russen an ihren Stimmen, die in unser Zimmer gekommen sind. Sie suchen, wie meist, nach »paninkas«, jungen Frauen beziehungsweise Mädchen. Die Dolmetscherin übersetzt die alte Lüge, dass zwei »paninkas« zum Offizier kommen sollen. Meinen die Kerle im Ernst, dass auch nur einer von uns das noch glaubt? Als keine der Frauen bereit ist, freiwillig mitzugehen, drohen die Russen, alle zu erschießen. Wir hören in unserem Versteck, dass sie Ruth bereits am Wickel haben. Doch wer ist die zweite?

Die Frauen schlottern vor Angst, dass es ihnen nun selbst an den Kragen gehen könnte. Ich spüre es förmlich, ohne es sehen zu können, dass sie nach mir suchen. Ewald legt seinen Mantel noch dichter um mich, flüstert leise, dass ich auf keinen Fall raus aus unserem Versteck darf. Sollen die Frauen doch selbst gehen, wenn sie so große Angst vorm Erschießen haben. Doch schon fragt Frau W.: »Wo ist die kleine Gabi?« Ich höre es einmal, noch einmal. Sie gibt keine Ruhe, bis sie mich unterm Tisch hervorgezogen hat. Verbittert denke ich: *»Mit mir können sie es ja machen. Bin doch allein und habe niemanden, der für mich einsteht.«* In dieser Situation kann auch Ewald mir nicht mehr helfen. Sie würden ihn ohne zu zögern erschießen, stellte er sich vor mich.

*

Was ich vor sechs Jahrzehnten eine *»Gemeinheit«* der Frauen nannte, würde ich heute mit härteren Worten belegen. Aus eiskaltem Egoismus lieferten sie durch ihren Verrat ein fünfzehnjähriges Mädchen ans Messer. Im vollen Wissen, was sie mir damit antaten. Hatte doch keiner der beiden Russen unter dem Tisch das Opfer vermutet, nach dem sie drohend verlangt haben. Jungens lagen dort – ich war nicht zu sehen. Ich spüre Hass in mir aufsteigen. Hass gegen diese Frauen, die, wäre ich ihre Tochter gewesen, geschwiegen hätten.
Nachdem die beiden Schufte Ruth und mich aus dem Zimmer gezwungen haben, schieben und stoßen sie uns hinaus auf den Hof. Eisig kalt ist es wieder, der dichte Schnee knirscht unter unseren Schritten. Der russische Nachschub zieht über die Dorfstraße, vorbei an brennenden Häusern. Gegen Abend sind noch zahlreiche Gebäude in Brand gesetzt worden. Nun auf der Dorfstraße den Brandherden nahe, scheint mir das halbe Dorf abzufackeln. Wie eine Schlange bewegt sich Wagen hinter Wagen durch diese unheimliche Kulisse. Autos sind kaum darunter, meist sind es kleine Panjewagen, gezogen von zähen Pferden. Hier und dort auch ein Schlitten dazwischen.

Wir werden in ein Haus an der Straße geschleppt. Eines, an dem sich noch kein Pyromane versucht hat. Doch auch dieses verwüstet und dunkel. Die meisten Fensterscheiben sind eingeschlagen, das Inventar ist zertrümmert. In einem Zimmer zündet einer der Russen eine Kerze an, stellt sie auf einen rechteckigen Tisch. Im flackernden Licht erscheinen die älteren Gesichtszüge des Mannes. Schnapsgläser stehen auf dem Tisch, die meisten zerbrochen. Ruth weint unablässig. Doch Tränen erweichen die Herzen der Rotarmisten schon gar nicht. Es ist, als verstünden sie die Angst ihrer Opfer nicht. Auch ich spüre tiefe Angst – Tränen aber habe ich keine. Und helfen täten sie ohnehin nicht.

Der ältere Russe zieht Ruth neben sich auf ein zerschlissenes Sofa. Sie unterhalten sich – Ruth kann etwas Polnisch. Mich zerrt der andere in ein angrenzendes Zimmer. Tief in mir eine verzweifelte Stimme: »*Weshalb hilft mir denn keiner – ich kann das nicht mehr lange ertragen.*«

Als Ruth und ich den Ort des Schreckens verlassen können und so schnell wie möglich zurück zu unserem Haus laufen, berichtet sie keuchend, dieses Mal davongekommen zu sein. Hat den älteren Russen durch das Gerede von seiner Gier ablenken können. Ruth, eine mollige junge Frau, kann kaum mit mir Schritt halten, sodass ich mein Tempo verlangsamen muss. Doch auch so erreichen wir unser Haus, ohne weiteren Peinigern zu begegnen. Atmen auf, als es ganz still im Zimmer ist. »*Wenn das Mutti wüsste!*«, denke ich. Frau W. will mich trösten. Unter all den Frauen ist sie diejenige, die am freundlichsten zu mir ist. Doch ich brauche ihren Trost nicht – nicht ihren! War sie es doch, die mich verraten hat. Nun kann sie mit guten Worten nicht ungeschehen machen, wovon ich ohne ihren Verrat wohl verschont geblieben wäre. Neben Ewald finde ich eher Trost. Er scheint schon etwas geschlafen zu haben. Auch ich bin müde, fühle mich zerschlagen.

29. Januar

In dieser Nacht habe ich zum ersten Mal seit zu Hause ein paar Stunden tief geschlafen. Wir wurden auch von keinem weiteren Russen aufgeschreckt. Obwohl es draußen schon ganz hell ist, bleiben Ewald und ich noch unter dem Tisch liegen, da wieder russische Soldaten seit der Morgendämmerung überall herumstreifen. Deshalb passt entweder ein Junge oder eine der Frauen ständig am Fenster auf, um uns zu warnen, wenn sich unliebsamer Besuch unserem Hof nähert.

Rechts und links der Dorfstraße qualmen noch die nachts ausgebrannten Häuser. Selbst unausgedroschene Getreideschober – zu einem hohen Kegel aufgeschichtete Garben – wurden angezündet. Ich vermute, weil die Russen sie für ein Versteck von vor ihnen verborgenen Schätzen halten. Ihr Hass ist oft groß auf die Deutschen, unter denen selbst der ärmste Landarbeiter noch Habseligkeiten besitzt, die manchem einfachen Soldaten im weiten Russland wahrscheinlich vorenthalten bleiben. So zerschlagen und zertrümmern sie, was sie nicht mitnehmen können.

Es ist noch früher Vormittag, als ein russischer Offizier ins Zimmer kommt. Ein Leutnant nach Aussage der Schwarzmeer-Deutschen. Auch er ist gierig nach einem Mädchen. Sein Blick bleibt an Ruth hängen. So viel bekommen wir auch unter dem Tisch mit, denn Ruth weint und schluchzt, dass sie nicht will. Ihr stehen die Frauen noch eher bei; zumindest dann, wenn es noch andere Mädchen im Raum gibt und sie somit nicht selbst gefährdet sind. Eine der Frauen gehört auch zu Ruths Bekannten. Eine Bauersfrau, bei der Ruth als Pflichtjahrmädchen arbeitete. Ein Pflichtjahr mussten jene Mädchen ableisten, die mit vierzehn oder fünfzehn Jahren die Volksschule verließen und noch keine Lehre begannen. Überwiegend wurden sie in der Landwirtschaft eingesetzt, wo junge männliche Arbeitskräfte besonders stark vermisst wurden. Nicht immer wurden Pflichtjahrmädchen gut behandelt. Mitunter hatten sie einen Stand, der dem einer Leibeigenen vergleichbar war.

Inzwischen wissen die Frauen, wo sie mich finden können. Da braucht es kein Wo-ist-die-kleine-Gabi mehr. So verraten sie auch jetzt mein Versteck, obwohl mich der Leutnant zwischen den Jungens unter dem Tisch nicht gesehen hatte. Und wieder erkenne ich Frau W.s Stimme unter denen, die dem Russen auf diese Weise gefällig sind. Die tiefe Resignation, die mich erfasst, spiegelt sich in den Zeilen meines Tagebuchs wider: *»Ach, mir ist ja alles schon so über. Warum ist mir nicht lieber im Zug was passiert.«* Plötzlich spüre ich auch, wie sehr ich den kleinen Christian vermisse. Zwar hätte auch er mir nicht helfen können, doch ich stünde nicht ganz ohne Angehörige da – wir wären zu zweit.

Eine Frau erkennt meine Not und versucht auf selbstlose Art, mir zu helfen. Der Leutnant ist im Nebenzimmer verschwunden, nachdem er in aggressiv drohendem Ton außer Zweifel gelassen hat, auf wen er dort warte. Ohne noch zu zögern, drückt die Frau die Klinke herunter, betritt ebenfalls das uns bis zu diesem Zeitpunkt verbotene Zimmer und schließt die Tür hinter sich. Zu früh atme ich erleichtert auf, kommt sie doch gleich wieder heraus. Der Kerl verlangt nach jüngerer Beute – die, die sich für mich opfern wollte, meidet meinen Blick. Panische Angst überfällt die Frauen. Fast hysterisch reagieren sie, als ich mich dem Drängen dieser Frauenmeute nicht bereitwillig füge. Sie schubsen mich regelrecht dem gierenden Offizier in die Arme. Ich verachte diese Weiber, die aus feiger Ichsucht dem Leutnant hündisch zu Diensten sind. Das kann mich zwar nicht retten, stärkt aber meinen Stolz, den ich jenem entgegensetze, dem ich hinter der Tür zur Hölle das Menschsein abspreche.

In maßloser Wut fällt diese menschliche Bestie über mich her. Sollte ich geglaubt haben, die Grenzen meiner Verzweiflung bereits erreicht zu haben, erkenne ich in diesem verwüsteten Zimmer meinen Irrtum. *»Warum muss mir das auch alles passieren! Ich kann nicht mehr. Jetzt fange ich doch an zu weinen«* – Worte, die bis zum heutigen Tage Gültigkeit haben. Denn noch heute, über sechs Jahrzehnte nach dem grausamen Geschehen, sehe ich den Leutnant überscharf vor mir. Was ich als Sechzehnjährige nicht vermochte, ist mir heute möglich: diese Bestie zu beschreiben.

Auch ohne die Information der Schwarzmeer-Deutschen, die sich bei den Schulterklappen der Rotarmisten auskannte, verriet die gepflegte Uniform des Mannes seine Zugehörigkeit zum Offiziersstand. Trotz der Januarkälte begegnete mir dieser Menschenfeind ohne Mantel. Ob er diesen nur von sich geworfen hatte, um sich unbehinderter auf sein Opfer stürzen zu können, weiß ich nicht. Mein erster Blick galt ausschließlich meinem bedrohlichen Gegenüber – wir musterten uns wie zwei Boxer im Ring. Obwohl der Offizier dort in dem uns verbotenen Zimmer nicht aufrecht vor mir stand, sondern wie eine lauernde Bestie über irgendeinem Möbel hing, erkannte ich in ihm einen schlanken hochgewachsenen jungen Mann. Mitte bis Ende zwanzig mochte er sein, dessen locker sitzendes Offiziershemd in der schlanken Taille durch ein Lederkoppel zusammengerafft war. »Russenkittel« nannten wir schon damals diese Hemden, die in verschiedenen Farben zur Garderobe kleinerer Jungen gehörten. Hatte ich bis dahin ausnahmslos Rotarmisten in abgetragenen und nicht selten verdreckten, graubraunen Hosen erlebt, fielen mir bei diesem Offizier gepflegte Breeches auf, die in schwarzen Reitstiefeln steckten. Welch ein Unterschied zu den klobigen Stiefeln der einfachen russischen Soldaten, die nicht einmal jeder von diesen besaß. Manch einer musste sich mit Fußlappen begnügen, weshalb deutsche Männerstiefel äußerst begehrt waren.

Während das Fußvolk der russischen Soldateska bei Beginn des Tauwetters die Pelzmützen gegen Käppis tauschte, die bis auf den Sowjetstern an der Vorderseite den »Schiffchen« der deutschen Soldaten entsprachen, trug der Offizier die steife Schirmmütze seines Standes. Auch diese zierte über dem Schirm ein Sowjetstern. Unter dem hohen Mützenrand lugten dunkelbraune Haare hervor – die einfachen Soldaten waren durchweg kurz geschoren. Wäre da nicht das von Gier und Hass verzerrte Offiziersgesicht gewesen, hätte wohl selbst ich als geschundene Fünfzehnjährige meinen Angreifer als gut aussehenden jungen Mann bezeichnen können. In meiner damaligen Bedrängnis sah ich in ihm ausschließlich eine gefährliche Bestie. Aber ich erinnere mich sehr deutlich, dass die sexuelle Gewalt, mit der dieser junge Offizier mich zu demütigen versuchte, in mir einen mädchenhaften Stolz erzeugte, in dem ich mich dem Peiniger menschlich überlegen fühlte.

»Frau W. ist gut zu mir«, schrieb ich später in mein Tagebuch und fuhr mit Worten fort, die überraschend, ja unverständlich anmuten: »... *aber hat sie nicht auch selber etwas Schuld daran; sie hat mich ja doch die beiden letzten Male verraten. Vielleicht wäre es mir sonst erspart geblieben.*« Weshalb schrieb ich von »etwas« Schuld? Weshalb gab ich ihr nicht die »volle« Schuld? Ich ahne es, denke ich mich zurück in diese grausamen Tage. Mein Tagebuch entstand im Rückblick. Wissen um die Tage danach vermischte sich mit jenem vom 29. Januar 1945, den ich beschrieb. Frau W. war eine mütterliche Frau, ihr schenkte ich als einziger Erwachsenen ein wenig Vertrauen. Trotz allem, was sie mir antat! Doch dieses Vertrauen brauchte ich damals und scheute mich deshalb, den Menschen, dem ich es entgegenbrachte, auf dem Papier härter – und ehrlicher – zu kritisieren.

Nun sehe ich gezwungenermaßen das uns verbotene Zimmer. Ich werde es später als »*so richtig ›russisch‹*« bezeichnen. Ein Schrank lehnt halb umgekippt über einem anderen Möbelstück, seine Türen hängen in den Angeln. Auf dem Fußboden schwimmen Kirschen im Saft des Eingemachten, dazwischen zerbrochene Gläser. Ein Russe soll die Kirschgläser mit dem Säbel aus dem obersten Schrankfach heruntergerissen haben. Die Tochter der Besitzer, die den Schrank kennt, hat es gehört. Sie weiß deshalb auch, dass die anderen Sachen, die jetzt ebenfalls zwischen Kirschen und Gläsern verstreut herumliegen, in den unteren Fächern verwahrt waren. Tischwäsche, Handtücher und manches mehr. Wie die Vandalen haben die Russen in dem Zimmer gehaust – damit es für uns unbrauchbar wird.

*

Noch ist es nicht Mittag, als wir erneut russische Stimmen von der Küche her vernehmen. Sie stöbern überall herum, auch in unserem Zimmer. Ich sitze am Ofen neben der Bank auf einem Stuhl, Ewald ist bei mir. Da fragt mich ein junger Russe, ob ich Deutsche sei, und fährt mir dabei freundlich über den Kopf. Obwohl ich inzwischen weiß, was »nimiec« heißt, tue ich, als verstünde ich nicht. Ewald, der etwas Polnisch kann, sagt statt meiner Ja. Nun hält der Soldat die Mündung seiner MP dicht neben meinem Körper auf den Stuhlrand. Irritiert rücke ich beiseite – in dem Augenblick drückt er ab. Die Kugel durchschlägt neben meinem Oberschenkel den Stuhl. Erwartungsvoll, aber nicht unfreundlich schaut der junge Russe mich an. Scheint sich zu freuen, dass ihm sein dummer Jungenstreich gelungen ist – bin ich doch heftig erschrocken.

Wenig später beobachtet unser Fensterposten zwei Menschen, die in Richtung unseres Hauses fliehen. Ewald und ich wechseln zur Fensterseite; am Ofen gleich neben der Türe ist es uns zu riskant. Ich hocke mich unterhalb des Fensters auf den Fußboden. Ewald setzt sich schützend vor mich auf einen Stuhl. Da stürzen die beiden Flüchtenden auch schon in unser Zimmer, versuchen, sich zwischen uns zu verstecken. In angstvoller Erregung berichten sie, was geschehen ist. Sie wollten auf ihren Hof, um das Vieh zu füttern, und wurden auf dem Weg dorthin plötzlich von Russen gerufen. Anstatt stehen zu bleiben, liefen sie in panischer Angst davon. Wer aber dem »stoi« nicht gehorcht, wird erbarmungslos verfolgt. Deshalb sind nun die Russen hinter den beiden Bauersleuten her.

Die Angst ist fast greifbar, die unser Zimmer erfüllt, als eine Horde total besoffener Russen in unser Haus einfällt. Mühelos erkennen sie den Bauern, den sie verfolgt haben. Noch spüre ich das Beruhigende von Ewalds Nähe. Bin ich mit ihm zusammen, habe ich weniger Angst. Und wir sind jetzt immer zusammen. Durch den Schnaps enthemmt, zerren und reißen mehrere Russen den Mann aus seinem notdürftigen Versteck hervor und stoßen ihn roh zur Tür zum Nebenzimmer hin. Was genau passiert ist, dass die Volltrunkenen von Ewalds geringen Polnischkenntnissen erfahren haben, ist mir entfallen. Ich erinnere dunkel, dass sie gefragt haben, ob jemand Polnisch oder Russisch kann – und Ewald hat es zugegeben. Sehr gut jedoch habe ich noch vor Augen, wie mein Beschützer deshalb mit dem Bauer und den wütend gestikulierenden Russen ins Nebenzimmer musste. Zum Dolmetschen, wie die Kerle lallten. Nur wenig später kommen zwei Russen mit dem Bauer wieder heraus, schleppen ihn zwischen sich durch Küche und Flur auf den Hof. Ein Schuss lässt uns zusammenfahren.

Ewald kommt nicht zu mir zurück – wird noch im Nebenzimmer festgehalten, aus dem wütendes Geschimpfe zu uns herüberschallt. Nach einer Weile drängt die restliche Horde Russen in unser Zimmer, Ewald zwischen sich. Sie gehen zur Küche, dann auf den Hof.

Ich spüre tiefe Angst um Ewald in mir aufsteigen. Werden die besoffenen Wüteriche auch ihn erschießen? Er hat doch nichts getan, sollte nur dolmetschen. In mein Bangen hinein dann ein zweiter Schuss. In tiefer Verzweiflung denke ich: *»Das darf doch nicht sein!«* Nehme kaum wahr, dass die Meute noch einmal zu uns zurückkehrt – ohne Ewald. Höre jedoch die Worte der Schwarzmeer-Deutschen. Sie versteht, dass der eine Russe einen anderen fragt, ob sie noch mehr aufräumen wollen. Welch grausamer Sadismus. Schließlich verschwinden sie. Sie scheinen ihr hitziges Gemüt gekühlt zu haben.

Später geht eine der Frauen nach draußen – unser Haus besitzt keinerlei sanitäre Anlagen. Immer, wenn es etwas ruhiger ist, wagt man sich zum dürftigen Holzhäuschen hinaus auf den Hof. Ich traue mich noch nicht und behelfe mir anders. Die Frau bestätigt unsere Befürchtung: Ewald ist tot – der Bauer auch. Ich klammere mich für einen Moment an einen letzten Hoffnungsschimmer. Vielleicht lebt Ewald noch –

möchte hin zu ihm dort auf den Hof. Doch die tiefe Angst vor drohenden Russen hält mich zurück. »*Soll ich denn gar keinen mehr behalten?*« Weshalb nur haben die grausamen Unmenschen ihn umgebracht? Keiner von uns weiß es. Vielleicht wegen der blanken Knöpfe an seiner HJ-Winterbluse, die er unter seinem Pullover trug? Betrunkene Rotarmisten sind unberechenbar. Im Suff wittern sie hinter jedem blanken Knopf einen Soldaten.

Mein Verlust ist groß – als hätte man mir einen Bruder genommen. Ewald war so voller Hoffnung – wie ich! Ich denke an seine Eltern, die nie erfahren werden, wo ihr Jüngster geblieben ist. Ihr Ewald, der mir beistand. Und wer nun?

Es waren seine Geschwister, die 25 Jahre später durch mich von seinem Tod erfuhren. Über den DRK-Suchdienst hatte ich nach ihnen geforscht. Mein Tagebuch verriet mir Ewalds Nachnamen, von dem ich irrtümlich glaubte, ihn nicht zu wissen.

*

Das Leben geht weiter, jedenfalls für uns – noch. Die uns unablässig umgebende Gefahr stumpft die Menschen ab, die überleben wollen. Auch mich. In nur drei Tagen habe ich sechs Menschen verloren. Ich hoffe nur, dass wenigstens Christian noch lebt.

Frau W. ist nicht nur mütterlich, sie denkt auch praktisch. Das gelingt ihr umso mehr, als sie bisher keinen persönlichen Verlust erlitten hat, auch keine brutale Gewalt. Obwohl die Russen das kleine Haus mehrfach durchwühlt haben, sind ihnen einige Nahrungsmittel verborgen geblieben. Wie in den ärmlichen Landkaten der Gegend üblich, befindet sich unter der Küche ein kleiner Vorratskeller. Keine erkennbare Treppe führt zu ihm hinab. Eine teilweise unter dem Küchentisch versteckte Luke ist der Zugang. An einem stabilen Eisenring lässt sie sich hochziehen; in der dunklen Höhle darunter greifbar eine kleine Leiter, um hinuntersteigen zu können. Kartoffeln und Wruken sind dort winterfest eingelagert; auch ein kleines Fass voller Sauerkraut findet sich. »Wruken« nennt man hier große runde Rüben, deren Fleisch gelblich rosa ist. Ein Gemüse, das auch roh schmeckt, wenn man hungrig ist.

In einer Küchenecke kommt unter flüchtig hingeworfenen Schürzen, Handtüchern und Arbeitskleidung eine Pökeltonne zum Vorschein – noch halb gefüllt. Die Tochter der Hausbesitzer hat die Frauen darauf hingewiesen. Auch auf eine winzige Kammer, deren Türe in einer der dunklen Ecken der Küche kaum zu erkennen ist. Hinter dieser noch etwas helles und dunkles Mehl. Von allem solle Frau W. ruhig nehmen, erlaubt die verwundete Frau. Damit wir endlich etwas Warmes zu essen bekommen. Frau W. ist die einzige unter den Frauen, die sich traut, dort in der Küche zu kochen – ganz alleine. Der primitive Herd wird mit Holz und Torf geheizt. Es ist eine moorige Gegend, sodass die Bauern hier im Sommer Torf stechen. In kleinen ziegelsteingroßen Stücken getrocknet, sieht der Torf wie bräunliche, faserige Briketts aus. Ein kleiner Vorrat von diesem Brennmaterial liegt noch in einem Schuppen neben der Scheune. Frau W. schickt Günther mit einigen anderen Jungens, davon zu holen. Auch

Wasser müssen sie vom nächsten Brunnen beschaffen, da unserer nach wie vor eingefroren ist.

Dann kocht Frau W. Es reicht für jeden von uns, wenn auch nur in kleiner Portion. Mein erstes warmes Essen seit zu Hause – am 25. Januar. Ich lerne, was Heißhunger bedeutet.

Am Abend – der Nachmittag blieb ruhig – wagt sich auch die Schwarzmeer-Deutsche in die Küche. Sie will für uns »Brotbacken« machen, ein Gericht aus ihrer Heimat. Aus Mehl und Wasser formt sie kleine flache Bällchen, die wie Klopse aussehen, und würzt sie mit etwas Salz. In die große Pfanne passen mehrere davon. Mangels Bratfett werden die Brotbacken lediglich geröstet und müssen schnell verspeist werden, bevor sie nach dem Erkalten steinhart werden. Jeder von uns erhält einen dieser Mehlklopse. Auch diese schmecken uns nun wie eine Delikatesse, haben wir doch kein richtiges Brot mehr. Wir können die trockenen Dinger auch mit etwas heißem Kaffee hinunterschlucken, den es endlich wieder gibt. Ohne Frau W.s Initiative hätte es wohl auch an diesem vierten Tag meiner Flucht noch nichts zu essen gegeben.

Später verdunkeln die Jungens unser Fenster, damit kein Lichtschein nach draußen gelangt. Wir lassen die Petroleumlampe die ganze Nacht hindurch brennen. So ist es weniger unheimlich und jeder findet eher einen Platz für die Nacht. Für mich gibt es unter dem Tisch heute keinen mehr. Ewald ist fort und Ruth erkennt ihre Chance für unser einstiges Versteck. Sie zieht das jüngere Mädchen, das seine Mutter als Neunjährige ausgegeben hat, neben sich unter den Tisch. Jedem anderen aber verwehren sie einen Platz bei sich.

-60-

die ganze Nacht durch. Es hat sich schon
wieder jeder einen Platz für die Nacht
gesucht. Jetzt liegen Ruth und dasjenige
gute Mädchen in dem Tisch und laßen
ihn kein ... Ich ... mit ...
... auf einer Decke.

30. Januar.

Die Nacht war es nei eder ruhig. Aber ...
... sind alle doch noch ... ...
... Gegen Mittag kommen wir ...
... wieder ... ins Haus. Wieder gibt es für Ruth und mich keine
... Aber für Ruth ist es doch
... ...
mich der eine "Ruth" doch wenig-
... vor den ... ...
... daß ich zu klein bin. Ich bin
ziemlich müde und so lege ich mich
in den ... ... Das ...
... liegt auch schon ... ...

Eintrag zum 30. Januar 1945 im Fluchttagebuch (Auszug; vgl. S. 93)

Ich lege mich neben Günther auf eine Decke. Zwischen die anderen Jungens.

30. Januar

Auch in dieser Nacht blieb es ruhig – wie schon gestern. Doch die bösen Erfahrungen während der Nächte zuvor stecken uns noch in den Knochen, lassen uns bei jedem nächtlichen Geräusch ängstlich aufhorchen. Am späten Vormittag ist es vorbei mit der trügerischen Ruhe. Die Soldateska schwärmt wieder aus, weiß, wo ihr auf engem Raum viele Deutsche ausgeliefert sind – bei uns. Zunächst hören wir den gefürchteten Besuch in der Küche. Doch einige Russen gelüstet es schnell danach, sich in unserem Zimmer zu bedienen. Nach der Flucht schrieb ich lakonisch dazu: »*Wieder gibt es für Ruth und mich kein Erbarmen.*« Fürchtete ich, durch zu häufiges Wiederholen von sich gleichenden Grausamkeiten einen möglichen Leser zu ermüden – zu langweilen gar? Verschleppten uns an jenem Tag die Männer in ein anderes Haus oder zwangen sie uns die dunkle Treppe hinauf? Ich weiß es nicht mehr. Ich hielt lediglich fest, dass mich im Gegensatz zu Ruth »*wenigstens der eine ›Schuft‹ vor den anderen rettete*«. Ich war also trotz eigener Not noch fähig, auch Ruthchens Situation zu erkennen. Jener »Schuft« zeigte eine minimale menschliche Regung, indem er seine Mittäter überzeugt hatte, dass ich wirklich zu klein sei. So viel verstand ich aus seinen Worten und Gesten.

Weshalb wohl war Ruthchen um ein Vielfaches gefährdeter als ich, obwohl sie nur zwei oder drei Jahre älter war? Ich sehe Ruth noch vor mir, erinnere mich an ihre Gesichtszüge, an die aschblonden Haarsträhnen, die ihr meist unter dem Kopftuch hervorrutschten. Dazu ihre Mimik und Gestik – ich ahne ihre Wirkung auf die nach Befriedigung lechzende Soldatenmeute. Ruths volles Gesicht war leicht aufgeschwemmt, ihr Mund schmal, aber häufig verschämt begehrlich. Dann neigte sie oft ihren Kopf in fraulich neckischer Weise, was so gar nicht zu den Tränen passte, die ihr über die Wangen rollten, wenn die Kerle auf ihre Signale eingingen. Dazu steckte ihr rundlich weiblicher Körper in einem viel zu kleinen, kümmerlichen braunen Mantel – der unterstrich ihre Reize. Alles zusammen ließ sie erheblich älter erscheinen als mich, älter auch, als es ihrem Alter entsprach. Sie wirkte wie eine überreife Knospe, die sich selbst so empfand und gerne öffnen wollte.

*

Gegen Mittag eine neue russische Invasion in der Küche. Frau W.s couragierter Kücheneinsatz ist nicht verborgen geblieben, so muss sie den Rotarmisten etwas zu essen machen. Das hält uns im Zimmer die Männer, heute allesamt hungrig auf eine warme Mahlzeit, weitgehend vom Leib. Die Verpflegung für die einfachen Soldaten scheint einseitig und dürftig zu sein. Ich liege während dieser Zeit Schutz suchend auf dem Bett, wohin sich auch schon das jüngere Mädel verkrochen hat, das Lisa gerufen wird. Vor uns sitzen einige Frauen. Von Zeit zu Zeit ziehen Lisa und ich ein Stück des schweren Federbettes über uns, doch bald wird mir das zu warm in der doppelten Mantelgarnitur.

Plötzlich werden wir von ein paar Russen in Begleitung fremder Soldaten hochgeschreckt, die zunächst in das verwüstete Nebenzimmer gehen. Diese unbekannten Soldaten ziehen unsere Aufmerksamkeit auf sich. Vor allem ihre gepflegten Uniformen fallen neben den nicht selten schäbigen und teils verdreckten russischen auf. Nicht sofort erkenne ich in diesen Soldaten Amerikaner. Doch als sie zurück aus dem Nebenzimmer kommen, verstehe ich einige englische Worte, die sie an uns richten. Denke spontan, diese Soldaten sind doch auch unsere Feinde – und trotzdem so freundlich zu uns? Ihre menschliche Geste aber tut mir gut. Es sind Amerikaner, die in deutscher Kriegsgefangenschaft sind beziehungsweise waren, denn in diesem Landstrich haben jetzt die Russen das Sagen. Und doch erfahren wir, dass auch sie durch die Rotarmisten um Uhren und Schmuck erleichtert worden sind. Ich wundere mich, denn schließlich sind Russland und Amerika doch Verbündete gegen Deutschland. Als Kriegsgefangene aber sind die Amerikaner nun ebenso wehrlos gegenüber ihren russischen »Freunden« wie zuvor gegenüber ihren deutschen Feinden. Sie besitzen keinerlei Waffen.

Während der Unterredung im Nebenzimmer hat Frau W. die hungrigen Russen zufriedengestellt, die daraufhin Küche und Haus verlassen haben. Sie haben uns sogar noch Reste vom warmen Essen übrig gelassen. Erst jetzt weiß ich endgültig zu schätzen, was noch vor einer Woche selbstverständlich schien: ein wenig warmes Essen.

Am noch hellen Nachmittag dann wieder »uri, uri«-Suche bei uns, die wir doch längst keine Uhren mehr besitzen. Als ein Russe einer Frau beide Mantelärmel vergeblich suchend hochschiebt, sagt diese in ihrer Angst, sie hätte noch eine Uhr zu Hause im Wäscheschrank, gleich hier im Dorf. Der Russe versteht lediglich »Uhr« – das genügt. Droht, uns zu erschießen, bringe sie ihm die »urka« nicht sofort. Nun aber zögert die Frau, fürchtet den Weg allein zu ihrem Haus, was den Russen ungeduldig macht. Ich wundere mich über die Naivität der Frau. Eine Uhr in ihrem Wäscheschrank! Als ob die Plünderer ausgerechnet ihr Haus verschont haben könnten, wo alle anderen verwüstet worden sind. Der Russe lässt nicht locker, wird böse und drängt die Frau. So zieht sie mit einem ihrer kleinen Söhne los – und kommt erwartungsgemäß unverrichteter Dinge zurück. Sie hat Glück, der Rotarmist vergisst seine Drohung und lässt uns in Ruhe.

Erst dann berichtet die Frau stockend vom elterlichen Hof. Der Vater liege erschlagen vor der Scheune, weil die Russen in seinem Haus eine Fahne gefunden hätten. Damit aber nicht genug, sie setzten auch noch die Scheune in Brand. Nachbarn haben es der Frau erzählt. Vor der Mord- und Brandlust der Soldaten ist niemand und nichts sicher, besonders dann, wenn deren Verstand vom Alkohol umnebelt ist.

An diesem Nachmittag gehe ich zum ersten Mal richtig auf den Hof. Es zieht mich zu Ewald, als könne dieser doch noch ein Lebenszeichen von sich geben. Ich hoffe das inständig und weiß zugleich, dass es vergeblich ist. Schon als ich die Haustüre öffne, sehe ich sie beide dort liegen – Ewald und der Bauer mitten auf dem Hof. Ich gehe zu Ewald, möchte und muss es. Bleibe zu seinen Füßen stehen, von denen man ihm die Stiefel gezogen hat. Sicher ein Rotarmist, der selbst bei dieser Winterkälte keine Schuhe hatte und Fußlappen tragen musste. Ewalds Gesicht ist entstellt. Es ist Zeuge des Wetterumschwungs. Hat es letzte Nacht noch stark gefroren, hat es heute tagsüber zu tauen begonnen. Doch der Anblick hält mich nicht von einem stillen Abschied zurück – in dem ich durch Ruth und Lisa gestört werde, die mir bis zur Haustüre gefolgt sind. Ich höre ihr Juchzen und Quieken hinter mir. Sie können nicht begreifen, dass ich dort still vor einem Toten stehe. Und ich kann ihr Verhalten nicht fassen. Ein Grab dürfen wir den Toten nicht geben. Sollen ihre teils entstellten Körper der Abschreckung dienen?

Als es zu dunkeln beginnt, schallt schwerer Geschützlärm zu uns herüber. Unwillkürlich denke ich an »unsere Soldaten«. Da ist sie wieder, diese unwirkliche Hoffnung. Aber es kann doch nicht Tag um Tag so weitergehen – dieses Leben in ständiger Angst und Ungewissheit. Plötzlich werde ich mir des heutigen Datums bewusst, des 30. Januar. Welch ein Tamtam sonst am Gedenktag von Hitlers Machtergreifung. Da mussten auch seine Hitler-Jungmädel auf unserem Danziger Platz in Schneidemühl zu einer Feier antreten. Egal, wie kalt es war. Und jetzt? Ob wohl in westlicheren Städten, jenseits der russischen Front, auch heute noch angetreten wurde?

Hier jedenfalls, diesseits der Front, in unserem Haus, ist es heute einigen Frauen schlecht ergangen. Fast stoisch registriere ich das. Nur die Tochter Margot des Bauern R. ist bis heute verschont geblieben. Sie verdankt das unserer zweiten Dolmetscherin, einer Ukrainerin, die vorher auf dem Hof ihrer Eltern gewohnt hatte. Margot ist ungefähr zwanzig Jahre alt.

Bevor wir nach Schlafplätzen suchen, bringt uns ein Mann aus dem Dorf eine »Kruke« Petroleum. So nennen die Leute hier die verschließbaren Krüge für den Brennstoff, der uns auszugehen drohte.

31. Januar

Gestern Abend hatte ich Mühe, einen Platz zum Schlafen zu finden. Seit Ewald nicht mehr bei mir ist, fühle ich mich sehr alleine und niemandem zugehörig. So setzte ich mich zunächst auf einen Stuhl in Ofennähe, nachdem unsere Petroleumlampe nachgefüllt worden war und nun für die Nacht brannte. Der einfache Stuhl aber hatte keine Armlehnen, sodass ich zum Schlafen keinen Halt fand. Schließlich zwängte ich mich auf dem Fußboden zwischen die Jungens. Eine Decke fand ich nicht, schlief aber trotzdem ganz gut.

Jetzt ist es auch tagsüber etwas ruhiger. Darum wage auch ich mich hin und wieder hinaus auf den Hof, vor allem zum kleinen Holzhäuschen mit dem Plumpsklosett. Drinnen im Haus gehe ich öfters zu Frau W. in die Küche, die nun täglich sowohl mittags als auch abends eine warme Mahlzeit für uns zaubert. Ich könnte ihr stundenlang beim Kochen zuschauen – fühle mich trotz ihres Verrates an mir ein wenig zu ihr hingezogen. So fällt es mir etwas leichter, den Verlust Ewalds zu verschmerzen. Sind Frau W. und ich alleine in der Küche, erzählen wir von unserem Zuhause. Ich erfahre auf diese Weise, dass sie Förstersfrau aus dem Siegburger Kreis ist und wegen der Bombengefahr mit den zwei Kindern nach Ostdeutschland evakuiert worden war. Ihre Adresse notiere ich in mein kleines Notizheftchen, in dem auch die Berliner und Hamburger Anschriften stehen, die wir zu Hause als Treffpunkte verabredet hatten – ob Mutti und Kraeuters einen davon wohl erreichen werden?

Nicht immer ist genug warmes Essen für uns alle da; Frau W. muss schließlich mit den Vorräten haushalten. Aber meist bekomme ich ein wenig von den Mahlzeiten ab, da Günthers Mutter darauf achtet, dass wenigstens die Kinder nicht leer ausgehen, zu denen sie mich in diesem Fall zählt. Beim Verrat leider nicht.

Zwar ist uns das Nebenzimmer als Aufenthaltsraum noch verboten, doch trauen sich nun einige tatkräftige Frauen, von dort eine Chaiselongue in unser Zimmer zu tragen. So brauchen auch die Jungens nicht immer auf dem Fußboden zu sitzen.

Ab und an jedoch verlaufen sich herumirrende Russen weiterhin auf unseren Hof. Wie heute Mittag. Als ihre Schnüffelsucht sie erneut bis in unser Zimmer führt, hocken wir wieder wie aufgescheuchte Hühner in Ecken und Verstecken. Trauen kann man den Soldaten noch nicht. Sie begnügen sich damit, alle eingehend zu mustern, und ziehen dann ab.

Nachmittags gesellen sich ein paar Frauen zur Dolmetscherin vom Schwarzen Meer, mit der zusammen sie sich am fünften Tag unseres erzwungenen Zusammenlebens auf engstem Raum vorsichtig im Dorf umschauen wollen. Vor allem, um nach anderen Dorfbewohnern zu forschen. Mit einer rot-weißen Armbinde darf man angeblich auf die Straße gehen, so ein Gerücht. Die Frauen basteln sich welche aus abgerissenen Stofffetzen. Sie versprechen, auch nach meinem Christian zu fragen, an den ich täglich denke. Bald aber kehren die Frauen zurück. Sie sind erst kontrolliert und dann belehrt worden, dass ausschließlich Polen mit diesen Armbinden durchs Dorf gehen dürfen. Unsere Schwarzmeer-Deutsche hätte das doch wissen, hätte die Farben der Binde als die polnischen Nationalfarben erkennen müssen, oder etwa nicht?

Gegen Abend bekommen wir wieder einen kurzen willkommenen Besuch in Gestalt eines Deutschen, der uns ein Brot bringt. Frau W. schneidet es als zusätzlichen Leckerbissen gleich auf. Sie hat ein gutes Augenmaß, sodass jeder eine dünne Scheibe erhält. Wir Kinder sogar zwei. Heißhungrig schlingen wir unsere Zuteilung hinunter – so gut schmeckt uns nun, worauf wir tagelang verzichten mussten.

Auch an diesem Abend finde ich keinen rechten Schlafplatz. Ruth und Lisa verteidigen nun allabendlich egoistisch ihr Nachtversteck unter dem Tisch. Die beiden verhalten sich recht merkwürdig – damals nannte ich es »ulkig«. Sie kichern und albern dort unten, was mich befremdet. Wie können sie nach all ihren bösen Erfahrungen schon wieder derart übermütig sein? Das stößt mich ab. »Ich kann sie nicht recht leiden«, gestehe ich mir als Fünfzehnjährige ein. So muss ich mich wieder notdürftig auf den Fußboden zwischen die Jungens verdrücken. Die lassen mir wenigstens Platz.

1. Februar

Nun ist schon der 1. Februar – sechs Tage ist es her, dass ich von zu Haus fortgegangen bin. Die Zeit kommt mir in dieser Welt viel länger vor. Nichts hier ähnelt dem, was vorher meine Tage bestimmt hatte. Trotzdem gilt heute einer meiner ersten Gedanken meiner Freundin »Krümel«, die eigentlich Christel heißt und heute ihren 15. Geburtstag begeht. Obwohl sie im Lyzeum eine Klasse unter mir war, hatte sich im letzten Jahr nicht zuletzt wegen unserer gemeinsamen Sportbegeisterung eine gute Freundschaft entwickelt. Wo mag Krümel sein? Und wo ihre große Familie? Sechs oder sieben Geschwister sind sie zu Hause.

Jetzt, wo es jeden Tag etwas ruhiger wird, helfen wir alle ein wenig in der Küche. Unser Brunnen ist trotz des zwischenzeitlichen Tauwetters noch tief zugefroren. So arbeiten die Jungens wieder als Wasserträger, und ab und an gehe ich mit ihnen zum nächsten Brunnen. Da der Weg nicht über die Straße führt, dürfen wir uns auch als Deutsche bis dorthin vom Haus entfernen. Ein wenig ängstlich bin ich aber noch, da wir fast bis zur Dorfstraße hinunter müssen. Auch ist es sehr glatt draußen, denn der nasse Schnee ist nachts wieder zu Eis gefroren. Als wir gerade Wasser aus dem Brunnen schöpfen, nähern sich ein paar Russen und gehen an uns vorbei zu unserem Haus hinauf. Die Jungens berichten es mir so – ich selbst wende meinen Blick lieber ab. Die Soldaten sind noch im Haus, als wir zurückkommen, halten sich im Zimmer auf. Wir Mädel schälen ängstlich Kartoffeln in der Küche und tun, als bemerkten wir sie nicht, selbst als sie kurz darauf durch die Küche das Haus verlassen. Wir blicken ihnen vorsichtig durchs Fenster nach und atmen erst auf, als die Russen auf der Dorfstraße verschwinden.

Frau W. kocht zu Mittag einen Wrukeneintopf mit Pökelfleisch. Das Fleisch ist sehr fett. Früher, zu Hause in Schneidemühl also, hätte ich die Fettstücke sicher nicht angerührt – und meine Schwester Barbara schon gar nicht, denke ich. Ein derart deftiges Landessen kam in meinem Elternhaus auch nicht auf den Tisch, sodass unser Vater uns nicht zu ermahnen brauchte, zumindest davon zu probieren. Das war nämlich eines unserer ungeschriebenen Tischgesetze. Jetzt aber bin ich ausgehungert; probiere also nicht nur die fetten Stücke, sondern lasse sie mir sogar bestens schmecken, wie auch das von Günther übrig gelassene, verschmähte Fett.

Am Nachmittag finden wieder zwei Russen zu uns, von denen der eine voller Zerstörungswut ist. Als er den kleinen Volksempfänger entdeckt – ein Radio, das selbst in den bescheidensten deutschen Haushalten zu finden ist –, schleudert er den Apparat, dem schon längst von einem seiner Kameraden der letzte Ton ausgetrieben wurde, mit aller Kraft zu Boden und trampelt mit den Füßen darauf herum. Dann durchsucht er unsere letzten Habseligkeiten und findet schließlich in einer Handtasche deutsches Geld und Fotos. Er zerreißt alles und wirft die Schnipsel zwischen uns. Zwar ist der Besitz von Fotos nicht verboten, doch haben schon etliche andere Russen solche Erinnerungsstücke zerfetzt. Meine Fotos aber hat noch keiner genommen. Sie stecken in einer der Taschen meines grüngrauen Mantels, den ich unter dem pflaumenblauen trage.

Skizze in Erinnerung an meine Schwestern im Kinderfasching

Im Laufe des Tages kommt die Besitzerin des Hauses, die Mutter der verwundeten Frau, zurück. Sie bringt zwei weitere Kinder der Tochter mit. Das Wiedersehen oder besser Wiederfinden dieser Angehörigen geschieht still, jedoch mit spürbarer Erleichterung. Wir anderen rücken wortlos noch ein wenig enger zusammen. Es ist nicht die Zeit für Gefühle. Die allgegenwärtige Gefahr lässt uns schweigen.

Wenn es in der Küche für uns Kinder nichts zu helfen gibt, kommt es vor, dass Günther und ich zu spielen beginnen. Dann lassen wir uns zum Beispiel Schreibspiele einfallen oder zeichnen. Kleine Zettel findet fast jeder in seinen Taschen für uns; Bleistiftstummel besitzen wir selbst. Auch von den anderen Jungens macht der eine oder andere mal mit. Darüber vergessen wir fast, wo wir sind. Und Günther, der ein lustiger und einfallsreicher Bursche ist, bringt uns durch gelegentliche Witze sogar zum Lachen. Einige dieser Zeichnungen finde ich noch heute in meinem schmalen Notizheft.

2. Februar

In der vergangenen Nacht brauchte ich nicht auf dem Fußboden zu schlafen, sondern konnte sie am Fußende des Bettes halb sitzend, halb liegend verbringen, ohne der Tochter des Hauses zusätzliche Schmerzen zu bereiten. Sie kann noch nicht aufstehen oder gar herumlaufen, da ihre Wunde am Bein nicht versorgt wird. Verbandsmaterial hat keiner von uns bei sich – und an einen Arzt zu denken, ist ohnehin absurd.

Der strenge Nachtfrost weicht durchgreifendem Tau-
wetter. Einige Frauen kommen vom Hof zurück und
halten mir – einer Jagdtrophäe gleich – meinen Brotbeutel entgegen. Eine andere bringt mir kurz darauf
Zahnbürste und Zahnpasta wie auch fast alle anderen
Utensilien aus meinem Beutel. Auch die kleine Proviant-
büchse mit Fleisch, die ich gerne Frau W. überlasse.
Mit deren Inhalt will sie unser Mittagessen verfeinern.
Offensichtlich hat ein Russe den Brotbeutel von der
Fensterbank mitgehen lassen, darin dann aber nichts
Brauchbares für sich gefunden und alles auf den Hof
geworfen. Eine frische dicke Schneedecke ließ meinen
einzigen Schatz unter sich verschwinden und verwahrte ihn auf diese Weise für mich – bis das Tauwetter ihn
heute freigegeben hat. Ich freue mich in dem Gefühl,
nun doch noch etwas von zu Hause zu besitzen. Da
zählt selbst schon ein einzelnes Taschentuch, das man
noch sein Eigen nennen kann.

Verglichen mit den ersten Tagen, beginnt sich die all-
gemeine Lage ein wenig zu »normalisieren«. Dazu gehört, dass unsere Jungens die Kühe zum Trinken aus
dem Stall lassen – ist doch dank des Tauwetters unser
Brunnen wieder als Wasserquelle nutzbar. Immer häufiger begleite ich die Jungens auf den Hof, auf dem wir
besonders deutlich fernen Geschützdonner vernehmen.
Da dieser tagsüber kaum abflaut und oft sogar unsere
Fensterscheiben klirren lässt, halten wir den Kriegs-
lärm für nahe Kampfhandlungen und freuen uns darüber. Schließlich könnte es doch sein, dass unsere Soldaten darin verwickelt und uns nahe sind. So lese ich
im Tagebuch: »*Hoffentlich sind sie auch bald wieder
bei uns!*« Noch heute, mehr als sechzig Jahre später,

kann ich mich unschwer in meine damalige Hoffnung zurückversetzen. Es ist der achte Tag meiner Flucht, an dem nicht nur ich inständig auf ein Erwachen aus diesem Albtraum hoffe, in den mich das brutale Kriegsgeschehen getaucht hat. Und ein Erwachen daraus, so glaubte ich, konnten mir nur unsere Soldaten bringen. Damals wusste keiner von uns, wie es um den Krieg wirklich stand, wie es außerhalb unseres aufgezwungenen begrenzten Lebensraumes aussah. Lediglich Gerüchte erreichten uns, an die wir glauben oder an denen wir zweifeln konnten.

Das ferne Kanonengrollen in unserer Nähe wird von wildem Geschieße aus russischen MGs überlagert. Da die Russen rücksichtslos in der Gegend herumballern, müssen wir außerhalb des Hauses besonders vorsichtig sein. Als sei es ein lustiges Spiel, auch mal lebende Schießscheiben aufs Korn zu nehmen. Doch zu unserer Erleichterung kommen die Rotarmisten kaum noch zu uns auf den abgelegenen Hof.

Nach und nach finden Angehörige von einigen der Frauen den Weg zu uns. Es sind Dorfbewohner oder Menschen von den Abbauten. Heute ist es ein Mädchen meines Alters, die ihre Mutter nach tagelangem Suchen endlich in unserem Haus gefunden hat. Sie hatte bereits ganz alleine in einem anderen Dorf nach der Mutter gefragt und war unterwegs mehrfach in große Gefahr geraten, der sie nicht immer entkommen konnte.

Jetzt, wo ich das Zusammenfinden anderer Menschen miterlebe, denke ich wieder vermehrt an Christian. Ob ihm etwas passiert ist? Die Gerüchte über Grausamkeiten auch an Kindern lassen mich nicht unberührt. So kriecht Angst in mir hoch, als mir eine Frau von einem kleinen Jungen berichtet, der dort draußen auf einem nahen Feld liege. Alleine hinaus zu diesem Kind zu gehen, wage ich nicht; doch als einer unserer Jungens bereit ist, mich zu begleiten, laufen wir gemeinsam zum Feld. Der kleine starre Körper ist auf der getauten dunklen Erde leicht auszumachen. Erlöst darf ich aufatmen, als wir uns dem Kind nähern. Ein zierlicher Junge, sicher jünger als mein Christian, ist hier Opfer eines brutalen Soldaten geworden. Ja, ich darf aufatmen. Doch schmerzt mich der Anblick. Was hat dieses Kind vor mir nur verbrochen? Sein einziges »Vergehen« muss seine Angst gewesen sein, in der es vor der Gefahr davonlief, anstatt ihr ins Gesicht zu sehen.

Drei unserer Frauen bangen um ihre Männer, von denen sie getrennt worden sind, als die Panzer das Dorf überrollten. Zwei der Frauen sind Verwandte der jungen Margot R., wohl Mutter und Großmutter. Als dritte ist die Bäuerin S., Ruths »Herrin«, in großer Sorge. Die drei Männer sollen erschlagen worden sein. Genaues aber wissen die Frauen nicht, da uns verboten ist, auf die Dorfstraße zu gehen, um wenigstens zu fragen.

3. Februar

Nachts habe ich mein Lager wieder auf dem Bett gefunden. Dass ich dort weniger vor russischen Blicken geschützt bin als unter dem Tisch, ängstigt mich kaum noch. Vor nächtlichen Ruhestörungen scheinen wir nun relativ sicher zu sein, zieht doch seit Tagen der Militärtross unten über die Dorfstraße, von dem nur selten – und dann tagsüber – einzelne Russen zu uns heraufkommen. Heute ist es ein Junge, der seine Mutter unter den Frauen ausfindig machen kann. Zwölf bis dreizehn Jahre ist er alt und war bisher bei seinem Onkel auf einem abgelegenen Abbau. Dort seien kaum Russen gewesen, berichtet er. Und die wenigen, die zum Haus des Onkels gefunden haben, seien meist freundlich und sehr anständig gewesen.

Weshalb nur ist es Christian und mir nicht geglückt, auf unserer Suche nach einem Weg in den rettenden Westen einen solchen Abbau zu erreichen – denke ich bitter. Dieser eine Junge hatte uns doch durch tiefen Schnee über Koppeln und durch Gärten dorthin führen sollen! Dann verscheuche ich diesen Gedanken, schließlich könnte er meine Aufmerksamkeit trüben und mich dadurch unnötig in Gefahr bringen. Zum Grübeln und Traurigsein ist jetzt nicht die rechte Zeit. Eine unserer Frauen kann ihren Hof erreichen, ohne auf dem Weg dorthin die uns verbotene Dorfstraße zu benutzen. So geht sie bei Tageslicht mit ihrem kleinen Sohn nach Hause, um das Vieh zu füttern, und kehrt dann aber zu uns zurück. Die Gemeinschaft vermittelt ihnen ein größeres Gefühl der Sicherheit und eine gewisse Geborgenheit. Ins Dorf selbst und auf die befahrene Straße aber hat sich bislang noch keiner wieder getraut, seit die Frauen vor drei Tagen von dort zurückgeschickt worden sind.

4. Februar

Gestern haben einige Frauen die größte Unordnung im Nebenzimmer, das uns bis dahin verboten war, beseitigt und sich für die Nacht eine Schlafstatt bereitet. Als für mich im großen Zimmer wieder kein richtiger Platz zu finden war, bin auch ich nach nebenan gegangen. Zusammen mit Günther konnte ich mich auf ein Unterbett auf den Fußboden legen. Zum Zudecken haben wir sogar ein zweites gefunden. Bei so viel ungewohntem Komfort habe ich sehr gut geschlafen.

Heute ist schon wieder Sonntag. Der zweite auf der Flucht. Wie weit zurück scheint mir mein letzter Sonntag zu Hause zu liegen – und ist doch erst zwei Wochen her. Auch die Sonne strahlt heute vom Himmel, doch unbeschwert freuen kann ich mich über das schöne Wetter kaum, ist doch alles andere wenig schön und bedrückend. Zusammen mit der Ukrainerin sind Margot R. und die Bäuerin S. ins Dorf gegangen. Sie kommen in Begleitung eines Polen zurück. Dieses Mal hat man sie nicht aufgehalten und kontrolliert. Der Pole arbeitete früher bei R.s und hatte es gut bei ihnen. Deshalb hat er sich für sie bei den Russen eingesetzt, die R.s Haus zurzeit als Kommandantur nutzen. Auf diese Weise vor sinnloser Zerstörung und Plünderung bewahrt, blieb etliches Eigentum der Besitzer erhalten, von dem der Pole ihnen das eine oder andere nun zurückgeben darf. Die junge Mutter, deren Baby all die Tage und Nächte in dem kleinen Körbchen liegen musste, kann das Kleine nun endlich in seinem Kinderwagen betten. Offensichtlich gehört auch sie zu der großen Familie der R.s im Dorf.

Margot und die Bäuerin haben im Dorf auch die drei vermissten Männer gesehen, haben auf grausame Weise bestätigt gefunden, was uns gestern bereits zugetragen worden ist. Sie berichten uns eher vorsichtig und verhalten, um der alten Frau R. die brutale Wahrheit zu ersparen. Diese geht nun auch ins Dorf, um nach Bekannten zu forschen, und kommt mit der Nachricht zurück, dass sie zu einer Familie B. ins Dorf ziehen kann. Sie darf außerdem Frau W. mit den zwei Kindern und die Bäuerin S. mit Ruth mitbringen. Auch Frau W. also! Und ich – darf ich auch mitgehen? Ich spüre, dass die alte Frau R. an mich gar nicht denkt, und erschrecke bei dem Gedanken, ohne Frau W. und Günther in diesem Haus zurückbleiben zu müssen. So vertraue ich mich Günthers Mutter an. Sie fackelt nicht lange und will mich mitnehmen.

Schnell hole ich meine zerrissene Skihose hervor, um sie vor dem Umzug noch notdürftig zu flicken. Beim ersten Versuch wurde ich ja gestört, musste zu Ewald unter den Tisch rutschen. Ewald! Sechs Tage sind schon vergangen, seit wir so grausam getrennt wurden. Und nun werde ich fortgehen von ihm, der immer noch dort auf dem Hof liegt. Ich darf mich aber nicht um ihn kümmern – muss stattdessen diese Näharbeit erledigen, um die geliehene schwarze Hose zurückgeben zu können.

Ein eigenartiges Gefühl, wieder die eigene, passende Hose zu tragen. Ein wenig in Gedanken versunken, greife ich zum ersten Mal nach meinen Fotos in der einen Manteltasche. Ich habe sie nicht mehr betrachtet, seit uns die russische Panzerfront überrollt hat.

Mein Vater Conrad Köpp im Jahr 1939

Nun aber stört mich niemand dabei oder verbietet es mir. Ich freue mich, diese Andenken noch zu besitzen. Auf Vatis kleinem Bild bleibt mein Blick länger haften. Ich krame meinen kleinen Bleistiftstummel hervor und schwärze das linke Revers seines Rocks, erkennt man doch auf diesem den Rand des Parteiabzeichens, das mein Vater bei seiner Tätigkeit als Rechtsanwalt trug. Durch seine Kanzlei am öffentlichen Leben teilnehmend, gewährte ihm das Abzeichen einen gewissen Schutz vor Bespitzelungen, vor denen er auch seine Mandanten schützen wollte.

Dann reiße ich mich los aus meinen Erinnerungen und suche meine Sachen zusammen, hole die Mäntel und den Brotbeutel aus einer Ecke hervor, wo ich sie – es ist mittlerweile wärmer – verstaut hatte. Am frühen Nachmittag verlässt unsere kleine Karawane Haus und Hof und geht zur Dorfstraße hinunter, an der das Haus der Familie B. liegt. Bewusst langsam bewegen wir uns, denn jede Hast macht auch jetzt noch die Russen misstrauisch und lässt sie schnell die Karabiner auf eilige Deutsche richten. Als wir die vollkommen abgetaute Straße erreichen, kommt uns ein Rotarmist hoch zu Ross entgegen. Unwillkürlich zucke ich zusammen, doch die Gefahr reitet vorbei, ohne uns zu beachten.

B.s haben ein großes Haus. So jedenfalls wirkt es auf mich nach acht Tagen der Enge dort oben am Hang. Aber auch bei den B.s treffen wir auf viele Menschen, die sich bei näherer Betrachtung allerdings größtenteils als Besucher herausstellen. Hier im Dorf beginnt bereits wieder eine Spur alltäglichen Lebens. Dazu gehört auch der Austausch von Informationen.

Wir dürfen unsere Sachen in ein größeres Zimmer bringen, dessen Fenster den Blick auf die Dorfstraße freigeben. Wir sehen, wie Tross und Nachschub dort immer noch dicht an dicht an uns vorbeiziehen. Ein gespenstischer Anblick. Unwillkürlich treten wir weit zurück ins Zimmer, wenn sich Panzer auf ihren schweren breiten Ketten nähern.

*

Noch bevor wir zum Abendessen in die Küche gerufen werden, beginnt Bäuerin S., Ruth zu bedrängen, morgen nach Buchwerder zu gehen, wo ihr Bauernhof liegt. Buchwerder, ein kleines Dorf, ist nicht allzu weit von Gornitz entfernt und gut zu Fuß zu erreichen. Ruth soll erkunden, ob Haus und Hof noch bewohnbar sind, sodass Frau S. mit ihr dorthin zurückkehren kann. Ruth aber weigert sich verständlicherweise, den Weg alleine zu machen. Frau S., eine recht bestimmende Frau von imposanter Gestalt, weiß schnell die Lösung: Ich soll mitgehen! Nun wehre auch ich mich; habe ebenfalls Angst, mich so offensichtlich in Gefahr zu begeben. Da reden auch die anderen Frauen auf mich ein, spüren ihre Chance, dadurch von sich selbst abzulenken. Doch weshalb denn ich, wo sich sogar Günther weigert, uns zu begleiten? Und Verständnis dafür von seiner Mutter erntet. Als Ruth und Lisa mir einen Platz unter dem Tisch verweigert haben, hat das keine einzige Frau interessiert. Jetzt aber soll ich Ruth beistehen!

Die für mich heikle Diskussion verstummt, als uns Frau B. zum Essen ruft, das wir gemeinsam mit den Gastgebern in großem Kreis am langen Küchentisch einnehmen. Es gibt Milchsuppe und Brot, von beidem ausreichend für alle. Nach dem Essen werden in unserem Zimmer Decken und ein großer Fahrpelz auf den Fußboden neben dem Ofen ausgebreitet. Eine große Lagerstatt für Ruth, Margot R., Günther und mich. Die Frauen strecken sich auf dem breiten Ehebett etwas aus, soweit sie nebeneinander Platz finden. Verglichen mit unserer bisherigen Unterkunft ist auch dies komfortabel, zumal wir auch etliche Stühle nutzen können.

5. Februar

Auf dem weichen Fahrpelz habe ich wie im schönsten Bett geschlafen. Auch Günther hatte darauf noch Platz. Doch kaum bin ich aufgewacht, höre ich schon wieder die Bäuerin S. auf Ruth einreden. Auch die anderen Frauen bedrängen sie und erwähnen unablässig meinen Namen. Sie brauche ja nicht alleine zu gehen – mit mir zusammen solle sie sich auf den Weg machen. Selbst Frau W. mischt sich ein, auch sie bringt meinen Namen ins Spiel. Will sie mich schon wieder ans Messer liefern, mich wieder verraten?

Ich stelle mich schlafend; tue, als ob ich nichts mitbekomme – auch nicht meinen Namen. Doch Frau W. kommt, um mich zu wecken, redet auf mich ein, doch Ruth zu begleiten. Ich sträube mich mit Händen und Füßen, gerate in Panik vor dem, was mich dort außerhalb des Dorfes erneut bedroht. Die Angst treibt mir Tränen in die Augen. Frau W. versucht, mich zu trösten, dringt aber trotzdem weiter in mich. Schließlich appelliert sie an meine menschliche Seite. »Gib deinem Herzen einen Stoß. Du kannst doch Ruth nicht alleine ziehen lassen.« Ich beginne, die Frauen zu verachten – auch Frau W. Sie verlangen von mir, dass ich Ruth gegenüber nicht so kaltherzig sein soll – und sie? Was sind sie? Fühlen sie keine moralische Verpflichtung Ruth und auch mir gegenüber? Nein, sie denken nur an sich selbst, weil Bäuerin S. ihnen verspricht, dass sie mit ihr nach Buchwerder kommen könnten – vorausgesetzt, Ruth und ich erkunden vorher, wie es dort aussieht.

Frau S. betont wiederholt, dass wir alle von hier weg müssten, dass die Familie B. nur die R.s weiter bei sich beherbergen wolle. Und ich, bekräftigt sie zigmal, könne dann auch mit nach Buchwerder. So, darf ich also – doch zu welchem Preis? Und die Chaussee, auf die sie Ruth und mich schicken wollen, wimmelt noch von Russen. Ich habe ein ungutes Gefühl bei dem Gedanken, mich aus dem Schutz des Dorfes zu begeben. Einsicht oder gar Verständnis aber erfahre ich nicht von diesen egoistischen Frauen. Sie quälen mich mit ihrem Anliegen und hören erst auf, als ich schließlich Ruths wegen nachgebe.

*

Vor unserer gefährlichen Mission gibt es noch Frühstück in der Küche. Ich bekomme kaum einen Bissen herunter, so tief sitzt meine Furcht vor dem Ungewissen dort auf der Straße. Dann stecken wir uns noch jede eine Scheibe Brot in die Manteltasche und verlassen den Hof – schweren Herzens, auch Ruth. Doch was soll sie machen, wenn ihre Herrin dies verlangt? Sie ist abhängig von ihr.

Meine Zöpfe verstecke ich wieder unter der dunkelblauen Wollmütze. Ruth hat ihr verwaschenes Kopftuch umgebunden. Die Dorfstraße wirkt an diesem frühen Morgen unheimlich auf mich, müssen wir doch an etlichen ausgebrannten Häusern vorbei. Vor einem der letzten des Dorfes liegt eine Leiche. Die Straße ist dort sehr schmal – ein Blick auf den Toten bleibt uns nicht erspart. Der Mann, für den ich den leblosen Körper halte, ist auffallend klein. Ob er verbrannte?

Unsere lange Dorfstraße verläuft parallel zur Chaussee, sodass wir am Dorfausgang noch ein Stück des Weges durch einen Wald gehen müssen, bevor die Straße senkrecht in die Chaussee einmündet. Diese ist stark befahren. Autos, Lastwagen, dazwischen Panjewagen und ab und an ein Panzer. Überwiegend sind es Nachschubkonvois, die uns entgegenkommen. Ich halte mich dicht am Straßengraben, den Kopf gesenkt, um jeden Blickkontakt zu vermeiden. Ruth scheint weniger ängstlich zu sein, sie bleibt auf der Straße. Wenn Autos an uns vorbeigefahren sind, ziehe ich unwillkürlich den Kopf ein, aus Furcht, die Besatzung könne von hinten auf uns schießen. Ich drehe mich aber bewusst nicht um. Auch Ruth schaut immer vorwärts. Denn zwei junge Mädchen auf der Chaussee fallen ohnehin auf, müssen wie eine Provokation auf den Tross wirken, dessen Gelüste keinesfalls abgekühlt sind. So bleibt es auch nicht aus, dass uns neugierige Blicke streifen.

In der Ferne heben sich bald ein paar Häuser gegen die Straße ab. Das könnte Stieglitz sein – Ruth kennt sich aus in dieser Gegend. Dort im Ort sind wir sicherer, werden auf Menschen stoßen, denen wie uns die Flucht nicht mehr gelungen ist. So zumindest hoffen wir. Doch als wir das erste Haus erreichen, nach welchem die Chaussee eine Biegung macht, erkennen wir unseren Irrtum. Das Haus gehört zu einem einzelnen Gehöft – wir sind erst in Stieglitz-Abbau. Dahinter führt die Straße noch ein weiteres Stück durch Felder, um erst dann das eigentliche Dorf zu erreichen. Vor dem Gehöft steht ein ausgebrannter Trecker mit Anhänger, dessen rückwärtige Klappe herunterhängt. Ein

116

Toter liegt auf dem Hänger. Das Gutshaus des Gehöftes ist ausgebrannt. Im Leutehaus, wie man in dieser Gegend die Arbeiterhäuser nennt, rührt sich nichts. Kein Mensch ist zu sehen. So gehen wir schnell vorbei, weiter in Richtung Stieglitz, das mich nun zum zweiten Mal während meiner Flucht an meine Kinderferien bei Tante Martha erinnert. Am ersten Tag, als unser Zug am 26. Januar kurz in Stieglitz hielt – und heute, zehn Tage später, nähern wir uns von der anderen Seite der Bahnstation meiner Verwandten. Doch bleibt mir keine Zeit für einen Gedanken an sie – eine Kutsche, die sich uns von hinten nähert, versetzt auch Ruth in Angst. Das Traben eines Pferdes und das Klappern leichter, eisenbeschlagener Wagenräder auf dem Asphalt verraten uns das Gefährt. Und in diesen Tagen sitzt kein Deutscher auf den Kutschböcken – die neuen Herren sprechen Russisch.

Die Kutsche überholt uns, fährt vorbei. Offiziere lassen sich in ihr spazieren fahren. Sie drehen sich nach uns um, kurz darauf halten sie, winken uns und warten, bis wir herankommen. Zu ihnen sollen wir steigen, zeigen sie mit einladender Geste. Es sind zwei Offiziere und ein Soldat als Kutscher. Als wir erklären, lieber zu Fuß gehen zu wollen, werden sie böse und fuchteln drohend mit den Pistolen herum. Ihre Aufforderung, mit ihnen zu fahren, ist nun keine Einladung mehr, sondern ein rauer Befehl. Ruth muss sich nach hinten zu einem der Offiziere setzen – er ist ein widerlicher, lüstern grinsender Kerl. Mir ist der Platz auf dem Kutschbock zwischen Kutscher und dem zweiten Offizier zugedacht. Wieder steigt große Angst in mir auf. Wohin werden sie mit uns fahren? Die

Frage nach unserem Ziel ist ja doch nur eine Finte. Sie nehmen uns dorthin mit, wo sie es wollen. Ich rutsche tief hinunter in den Fußraum, der Offizier legt die Wagendecke ganz über mich. Denn dort oben auf dem Kutschbock pfeift uns ein kalter Wind entgegen. Aus diesem Versteck heraus vernehme ich Ruths Stimme – sie spricht Polnisch mit dem Offizier, sie unterhalten sich. Und zwischendurch lacht Ruth, schäkert mit dem Kerl. Weshalb verrät sie bloß immer ihre geringen Polnischkenntnisse? Nur wenn sie diese Sprache perfekt beherrschen und dadurch für eine Polin gehalten würde, könnte sie das schützen. So aber – hat sie denn keine Angst, dass der Kerl mehr als nur eine lustige Unterhaltung von ihr will? Ich dagegen bin froh, dass mich die Russen nichts fragen. Sie interessieren sich schon unseres unterschiedlichen Äußeren wegen vor allem für Ruth. Doch Ruths keckes Wesen bringt auch mich in Gefahr; schließlich sitzen wir im selben Boot. Einmal hebt einer der beiden Russen auf dem Kutschbock die Wagendecke hoch, sagt etwas zu mir, was ich nicht verstehe, und nähert sich meinem Gesicht. Ob der mich küssen will? Ich erstarre fast vor Angst und Widerwillen. Als er das merkt, lässt er mich in Ruhe.

Dann hält die Kutsche – wir sind in Stieglitz. Als die Wagendecke ein wenig verrutscht, sehe ich ein Haus, vor dem wir stehen. Doch der Kutscher lässt dem Pferd wieder die Zügel, die Offiziere wollen weiter. Erst am Dorfausgang gefällt ihnen ein großes graues Haus. Wieder halten sie an. Es ist unschwer zu erraten, was sie hier im Schilde führen. Ruths Offizier klettert herunter, bedeutet ihr, es ihm gleichzutun. Nun aber meldet sich die Angst bei Ruth zurück, kein Wunder. Doch warum war sie auch vorher so ausgelassen und hat damit den Offizier erst recht gierig gemacht? Ihre Weigerung, die Kutsche zu verlassen, erbost den Offizier. Es folgt die übliche Drohung: »Kommst du nicht mit, erschieße ich euch beide!« Da fügt sich Ruth, geht mit. Und mit den beiden verlassen auch der Fahrer und der andere Offizier die Kutsche. Sie verschwinden alle vier im Haus und lassen mich allein auf dem Kutschbock zurück. Wie gerne würde ich jetzt davonlaufen – doch wohin, wo finde ich Schutz? Kein Deutscher ist weit und breit zu sehen. Lediglich russische Soldaten fahren auf deutschen Fahrrädern hin und her. Dazwischen toben und schreien polnische Jungens, die ich sowohl an den rot-weißen Armbinden als auch an ihrer Sprache erkenne. Ich würde keine zwei Meter weit kommen, ohne angehalten zu werden.

Plötzlich kommt der russische Kutscher aus dem Haus und stellt sich neben mich an den Wagen. Er guckt mich unentwegt an und zeigt mir mit Gesten, dass es hier draußen doch so kalt sei; unterstreicht das mit ein paar deutschen Brocken. Ich möge doch mit ins Haus kommen. Mir ist aber vor lauter Angst gar nicht kalt – und außerdem ist seine Aufforderung ja doch nur ein Trick. Noch lässt er sich abwimmeln und geht allein wieder ins Haus zurück, in dem es sicherlich wärmer ist.

Auf einem großen Schild, das an der Wand neben der Haustür hängt, lese ich »Hebamme«. Das Haus aber wirkt unbewohnt. Nach einer Weile erscheint der russische Kutscher wieder und versucht es ein zweites Mal, mich zum Aussteigen zu bewegen. Er beginnt wie vorhin, von der Kälte zu reden. Tief stecke ich meine Hände in die Taschen und erkläre wie gerade erst, dass ich keineswegs friere. Nun aber verliert der Russe die Geduld – er möchte schließlich auch sein Vergnügen haben. Er zieht mich vom Kutschbock runter, hin zum Haus. Obwohl ich innerlich bebe vor Angst, verbietet mir mein Stolz, dies dem Kerl zu zeigen. Ich bleibe äußerlich ruhig und tue so, als ginge ich tatsächlich lediglich der Kälte wegen mit ihm. Drinnen im Haus ist alles zertrümmert, die Türen schwingen in den Angeln. Der Russe schiebt mich in ein Zimmer, auf dessen Fußboden zerbrochene Pillenröhrchen, Tabletten und Tuben herumliegen. Das ist wohl die Ordination gewesen. Auch ein demoliertes Bett steht an einer Wand, auf das ich mich setzen soll. In meiner Verzweiflung versuche ich alles Mögliche, um den Kerl von seinem eindeutigen Vorhaben abzulenken; zeige ihm Tabletten und Tuben und sage irgendetwas dazu, das er weder versteht noch hören will. Die Tricks verfangen nicht.

Meine Angst vor diesem Weg nach Buchwerder, zu dem die Frauen mich gezwungen haben, war begründet. Nachdem es endlich in Gornitz etwas ruhiger geworden war – da schicken uns diese Weiber hinaus auf die Chaussee und hinein in neue Gefahr. Haben wir nicht genug gelitten? Bitterkeit, Wut und Hass toben in mir. Ich habe mich gesträubt, gewehrt gegen das unmenschliche Verlangen, doch all mein Flehen und Trotzen ist an der Gefühlskälte der Frauen zerschellt. Ich spüre, wie mich all das zermürbt.

In meinem Tagebuch finde ich zu dieser Situation schlicht: »*Ich bin ja so froh, als ich aus dem scheußlichen Haus wieder raus bin.*« Anderes zu erwähnen, niederzuschreiben auch, war mir damals nicht mehr möglich. Zerbrochen und verlassen fühlte ich mich. Wie Freiwild, auch in den Augen meines eigenen Geschlechts.

*

Wohin die Kerle Ruth in dem Haus verschleppt haben, weiß ich nicht. Ich höre weder Weinen noch Stimmen. Noch hält man sie fest, auf die ich nun draußen warte. Als sie schließlich aus dem Haus kommt, umfassen ihre Arme eine große Blechschachtel. Von den Russen zur »Belohnung« hätte sie das bekommen. Wäsche, ein Kleid, Schuhe und manches andere mehr seien in der Schachtel, erzählt sie. »*Lieber möchte ich gar nichts anhaben und frieren, als mir von den Russen etwas schenken zu lassen!*« Das ist der Gedanke, der mir angesichts von Ruths Belohnung durch den Kopf geht.

Nun kommen auch die drei Russen aus dem Haus. Sie sagen zu jeder von uns höflich »Auf Wiedersehen«, bevor sie aufsteigen und der Kutscher das Pferd nach Schönlanke lenkt. Sie sind zufrieden, haben erreicht, was sie wollten.

Um nach Buchwerder zu kommen, müssten wir jetzt von Stieglitz aus in den Landweg nach Runau einbiegen. Ich aber bin nicht bereit, das gefährliche Spiel noch weiter zu treiben. Dass meine Verwandten auf ihrem großen Hof in Runau noch anzutreffen sind, daran zweifle ich inzwischen auch. Ruth hat genauso wenig Lust, den Weg ihrer Herrin zuliebe weiterzugehen. So kehren wir gemeinsam um, bemüht, das Dorf

Stieglitz möglichst schnell hinter uns zu lassen, in dessen Häusern hier und dort betrunkene Russen durch zerborstene Fensterscheiben grölen. Fühlen wir uns beobachtet, müssen wir unsere Schritte zügeln. Erst auf der Chaussee können wir schneller ausschreiten.

Dann wieder das Geräusch einer Kutsche, die sich von hinten nähert. Wir beginnen zu laufen, sehen vor uns schon das Gehöft auf dem Abbau. Aber wir schaffen es nicht – noch bevor wir das erste Haus erreichen, hat uns die Kutsche eingeholt. Der Kutscher bringt das Pferd mit brutalem Griff in die Zügel neben uns zum Stehen, springt vom Kutschbock und versperrt uns den Weg. Wir blicken in das Gesicht eines jungen Schnösels mit dreistem Grinsen um den Mund. Der untersucht zunächst Ruths Blechschachtel, um danach mir den Mantelärmel hochzustreifen. Als ob in dieser Gegend auch nur ein einziger Deutscher noch ein Uhrarmband über dem Handgelenk tragen würde! Wenn er uns nur sonst in Ruhe lässt, jagt es mir durch den Kopf. Doch weit gefehlt – wieder wird Ruth gedrängt, die Kutsche zu besteigen, und wieder weigert sie sich vergeblich. Der junge Kerl wird äußerst frech und unangenehm zu ihr. Dann soll ich aber auch mit, beharrt sie. Ich atme befreit auf, als der Jüngling davon nichts hält. Habe allmählich genug davon, Ruth in jede Gefahr begleiten zu müssen. Der Russe nimmt Ruth die Schachtel weg, reicht sie mir mit dem Hinweis, nach Hause zu gehen. Dann steigt auch er zu Ruth in die Kutsche, schnalzt mit der Zunge und treibt das Pferd zum Trab an. Ich verharre noch ein paar Sekunden, sehe, wie der Kerl mit seinem Opfer querfeldein zu einem nahen Abbau fährt. Dann wende ich mich wieder meinem Weg entlang der Chaussee zu. Die Blechschachtel lasse ich am Straßengraben zurück.

Noch bevor ich das Gehöft an der Chausseebiegung erreiche, überhole ich eine Frau mit zwei Mädchen, die ich auf zwölf und siebzehn Jahre schätze. Die Frau spricht mich an. Es sind Westfalen, die in dieser Gegend als Umquartierte untergebracht waren. Auch die drei waren auf dem Weg nach Stieglitz, als sie aus Furcht wieder umgekehrt sind. Ich habe den Eindruck, dass sie noch ängstlicher sind als ich. So gehe ich ein Stück des Weges gemeinsam mit ihnen. Als wir den ausgebrannten Trecker vor dem Gehöft erreichen, kommen plötzlich einige Deutsche aus dem Leutehaus auf uns zugelaufen. Sie hungern nach Informationen und bitten uns, mit ihnen auf den Hof zu kommen. Die drei aus Westfalen gehen mit. Mir aber ist es hier an der Chaussee zu gefährlich. So setze ich meinen Weg fort – zurück nach Gornitz. Höre und sehe ich keine Autos, laufe ich auf der Chaussee so schnell, wie ich kann. Denn erst im kleinen Wäldchen kurz vor dem Dorf kann ich mich sicherer fühlen. Ich erreiche den Wald, ohne noch einmal angehalten zu werden. Dort gehe ich langsamer. Mein Blick fällt auf einige verlassene Häuser dicht am Waldrand. Deren Fensterscheiben sind fast alle zerbrochen, die Türen größtenteils eingetreten. Gleich am Ortseingang steht die Dorfkirche, die Türe weit offen, doch kein Mensch in der Nähe. An diesem Ende von Gornitz ist das Dorf nahezu zerschossen. Aus dieser Richtung scheint die Panzerspitze, wohl aus der Deckung im Wald kommend, das Dorf Gornitz eingenommen zu haben. Es schaudert mich. So beschleunige ich meine Schritte wieder, um schnell in die Dorfmitte und zum Haus der Familie B. zu gelangen.

*

Dort mitten im Dorf ist jetzt gegen Mittag lebhafter Betrieb. Ich sehe, wie Deutsche aus dem Keller des ausgebrannten Gasthauses alles Mögliche herausschleppen. Marmelade, Kaffee, Kohlen, Holz, Talglichter – und sogar Holzpantoffeln. Der Gastwirt hatte wohl ungeahnte Vorräte angehäuft, die selbst die Russen unter den Ruinen des Hauses nicht vermuteten. Sonst hätten sie sicher alles vernichtet.

Dann betrete ich vom Hof her B.s Küche. Sofort werde ich nach Ruth gefragt. Als ich berichte, was passiert ist, ist plötzlich das Bedauern groß. Die Bäuerin S. beginnt sogar zu weinen, weil ich ohne Ruth zurückgekehrt bin. Die Tränen kullern ihr über die runden Wangen bis hin zum gewaltigen Doppelkinn. Doch was soll diese Heulerei? War sie es doch, die Ruth und mir keine Ruhe ließ, bis wir uns schließlich voller Angst auf den von ihr befohlenen Weg gemacht haben. Und was soll auch der Trost, den diese kaltherzigen Frauen mir nun spenden wollen? Macht der etwa ungeschehen, was mir ihretwegen wieder geschehen ist? Ich lasse die Frauen stehen, gehe in unser Zimmer. Mögen sie selbst nachschauen, wie es in Buchwerder ist. Ich gehe so bald nicht wieder fort.

In unserem Zimmer liegt ein deutsches Mädchen im Bett. Ich schätze sie auf zwanzig Jahre. Sie hat eine große eiternde Wunde am Arm und schlimme Schmerzen. Zusammen mit ihrer Mutter war sie vor den Russen ausgerissen, woraufhin diese ihre Mutter von hinten erschossen und der Tochter eine Kugel durch den Arm jagten. Heute Vormittag hat sie sich zur Familie B. geflüchtet. Aus dem Dorf aber stammt sie nicht. Trotz ihrer starken Schmerzen bleibt sie nicht lange bei uns. Sie hat zu viel Angst, weil die Russen ständig hinter ihr her sind. Hoffentlich findet sie ein sicheres Versteck. Das wünsche ich ihr.

Es dauert nicht lange, da kommt auch Ruth zurück. Sie wurde auf dem Rückweg noch einige Male angehalten, auch wieder auf eine Kutsche gezwungen. Ich habe fast den Eindruck, dass sie sich daraus kaum noch etwas macht. Würde sie sich sonst so sichtlich über den Mantel freuen, den sie als weitere »Belohnung« nun über dem Arm trägt? Denkt sie denn keine Sekunde darüber nach, wofür sie das alles bekommt? Ich kann nicht begreifen, dass Ruth sich für die erduldete Gewalt auch noch bezahlen lässt. Die große Blechschachtel allerdings steht dort bei Stieglitz am Straßengraben.

Nachmittags ruft uns Herr B. auf den Hof. Er hat Holz beschafft, das wir nun mit ihm zusammen vom Handkarren laden sollen. Mir macht es richtig Spaß, endlich mit anfassen zu können. Dazu noch draußen auf dem Hof, wo wir tagelang untätig im Zimmer hocken mussten – und das in ständiger Angst. Jetzt aber haben wir auf dem Hof nicht mehr viel zu befürchten. Ich gehe sogar mit, Briketts zu holen. Jeder von uns hat sich dazu eine kleine »Kiepe«, einen größeren Korb, geschnappt. Wir müssen die Straße überqueren, um an die Kohlen zu kommen. Doch auch die Dorfstraße ist nun von Deutschen belebt und hier mitten im Dorf ungefährlich. Die Briketts finden wir auf einem verlassenen Hof, auf dem ein Toter liegt. Man hat ihn mit einem Kissen zugedeckt. Ein brutal erschlagener Mensch erschreckt uns kaum noch angesichts der Grausamkeiten der letzten zehn Tage.

Später essen wir wieder mit den B.s im großen Kreis zu Abend. Wir haben ausreichend Brot, dazu Butter, auch Milchsuppe und Kaffee. Ausgehungert verschlingen wir alles, bis unser Magen »Danke« sagt.

6. Februar

Letzte Nacht schliefen wir in unserem Zimmer tief und ungestört, hatten wir doch ungewohnt reichlich Platz, um uns auszubreiten. Jeder lag weich und fand etwas zum Zudecken. Die Wärme im Zimmer tat uns gut.

Nun bei Tageslicht schiebt sich dichter Nachschub an unserem Fenster vorbei. Die Chaussee soll verstopft sein, sodass vor allem die Panzer auf die Dorfstraße ausweichen. Da bleibt es nicht aus, dass wieder einige Russen auf unserem Hof und schließlich nebenan in der Küche auftauchen. Wir bekommen aus den wortreichen und lauten Bemühungen der Ukrainerin mit, dass sie die Soldaten von unserem Zimmer ablenkt. Dort vermuten sie nämlich die Mädchen oder jungen Frauen, die sie in der Küche vermissen. Geschickt beginnt die Ukrainerin, russische Lieder anzustimmen – Russen singen gerne und in nüchternem Zustand meist auch schön. So auch die Soldaten. Sie scheinen aus Freude am Gesang ihre Gier und Gelüste zu vergessen. Uns hier im Zimmer fällt ein Stein vom Herzen, als wir schließlich hören, wie die Gefahr die Küche und das Haus verlässt. Die Angst vor hemmungsloser Gewalt steckt uns so tief in den Knochen, dass allein russische Stimmen genügen, um sie erneut in uns aufsteigen zu lassen.

Mit in unser Zimmer haben sich zu dieser brisanten Tagesstunde zwei große Mädels geflüchtet. Es sind Bekannte der B.s, wohl achtzehn bis zwanzig Jahre alt. Sie kommen öfters, haben eine andere Bleibe im Dorf. In den Gesprächen betonen sie ständig, dass es ihnen bisher immer gelungen ist, sich vor den Russen zu verstecken. Wenn ich das höre, kommen mir zwiespältige Gedanken. Weshalb ist mir solches Glück nicht auch beschieden? Und dann – es ärgert mich, dass diese beiden bisher so unbeschadet davongekommen sind und nun fast damit prahlen. Ich weiß, dass dies keine guten Gedanken sind, doch kann ich sie nicht verscheuchen. Sie drängen sich mir auf – anvertrauen jedoch tue ich sie niemandem.

Von den ungebetenen Gästen in der Küche abgesehen, bleibt es ansonsten ruhig an diesem 6. Februar. Nachmittags melden sich bei mir leichte Kopfschmerzen, die zum Abend hin zunehmen. Auch revoltiert mein Magen, meldet sich über eine unangenehme Übelkeit. So halte ich mich beim gemeinsamen Abendessen in der Küche zurück und ziehe es vor, mich auf mein »Bett« in Form des weichen Fahrpelzes zu legen. Woher kommen jetzt bloß diese Übelkeit und die bohrenden Kopfschmerzen? Ist es das ungewohnt reichliche und vor allem auch fette Essen aus B.s Küche, das mir auf den

Magen schlägt? Die anderen sitzen noch länger in der Küche um den großen Tisch beisammen. Hin und wieder dringen Gesprächsfetzen zu mir herüber.

7. Februar

Es war eine schlimme Nacht. Ein Erbrechen nach dem anderen schüttelte mich. Dazu hämmernde Kopfschmerzen. So etwas habe ich noch nie erlebt. Erschöpft und ausgelaugt bleibe ich den ganzen Tag über liegen. Das Kopfweh lässt nicht nach.

Denke ich heute an jenen Tag vor sechzig Jahren zurück, kann ich gut nachempfinden, was mir etliche Wochen nach der Erkrankung durch den Kopf ging. Damals begegnete ich noch einmal einigen Frauen, die mit mir das Zimmer in B.s Haus geteilt und deshalb mitbekommen hatten, wie ich in jener Nacht gelitten hatte. Ungeschminkt ließen sie mich wissen, dass sie mich für schwanger gehalten hatten. Wie tief dankbar war ich, dass mir selbst solch ein Gedanke nicht gekommen war. Ob ich auch das noch alleine, ohne jeglichen familiären Schutz, hätte ertragen können? Wohl kaum.

*

Ich verfolge apathisch den lebhaften Redeschwall von Frau S. Unablässig spricht sie von einem Mann aus Buchwerder, der in einem anderen, nahe gelegenen Dorf gestrandet sei. Er habe noch ein Fuhrwerk, hätte sie gehört, und beabsichtige, bald nach Hause zurückzukehren. Solche und andere Nachrichten wandern in diesen Tagen von Mund zu Mund – verändern sich dabei verständlicherweise auch. Telefonverbindungen existieren nicht mehr. Die Bäuerin S. möchte sich diesem Herrn N. anschließen. Ob sie auch mitkomme, will sie von Frau W. wissen – und ich dann mit Frau W.? Obwohl schon wieder über mich verhandelt wird, beteilige ich mich nicht an den Diskussionen. Allerdings wünsche ich insgeheim, dass Frau W. der Bäuerin einen Korb gibt. Denn ich habe große Angst vor dem Weg nach Buchwerder – bliebe lieber hier bei den B.s. Aber ohne Frau W.? Der Gedanke flößt mir Furcht ein. An diesem Tag aber trifft noch keine der Frauen eine Entscheidung.

8. Februar

In der letzten Nacht ging es mir wieder besser; doch nach Aufstehen oder gar Frühstücken ist mir nicht zumute. Ich fühle mich regelrecht zerschlagen und bleibe liegen, als Bäuerin S. beim ersten Lichtstrahl dort fortfährt, wo sie gestern Abend mit dem Thema Buchwerder aufgehört hat. Sie ist entschlossen, heute aufzubrechen; auch, um dem Gerede ein Ende zu machen, dass sie mit Ruth doch nach Buchwerder zurückgehen könne. Wenn Frau W. wolle, könne sie mit ihren Kindern Günther und Helga mit – für mich hätte sie dort auch Platz. Die B.s sollen über die vielen Esser in ihrem Haus geklagt und sich sogar aufgeregt haben, dass die kleine Helga ein Butterbrot zu viel aß. In Küche und Keller der B.s ist doch noch reichlich Vorrat, denke ich und kann nicht begreifen, dass man nachzählt, wie viele Scheiben Brot die kleine Helga gegessen hat. *»Denen geht es scheinbar noch zu gut«*, kommentiere ich im Tagebuch.

Nachmittags zieht unsere kleine Karawane tatsächlich los. Bis zur letzten Minute lag ich noch auf dem weichen Fahrpelz und fühle mich nun recht wackelig auf den Beinen. Doch ohne Frau W. möchte auch ich nicht in Gornitz zurückbleiben, ist sie doch der einzige Mensch, der ab und zu nach mir fragt. Und dann ist da auch noch Günther, mit dem ich in den vergangenen zehn Tagen so manches Erlebnis geteilt habe. Er würde mir fehlen unter all den fremden Erwachsenen.

Herr N., der Mann mit dem Fuhrwerk aus Buchwerder, soll in Ivenbusch sein, einem kleinen Dorf nahe Gornitz, zu dem wir über die Felder gelangen können, ohne die Chaussee oder andere größere Straßen benutzen zu müssen. Gleich hinter Gornitz begegnen wir noch einmal einer Bekannten der Familie B. mit ihrer Tochter. Als sie auch mich in unserem kleinen Trupp erkennen, tun sie erstaunt. Ich sei doch krank und gar nicht fähig, den Fußweg zu bewältigen, sagen sie besorgt. Ich weiß nicht, wem überhaupt ich noch glauben kann. Einige Frauen hatten nämlich behauptet, dass eben diese Bekannten unserer Gastgeber sich über die vielen Mäuler an B.s Tisch aufgeregt hätten. Jetzt, wo es einigen wenigen offenbar wieder besser geht, beginnt sich Missgunst zu regen. Da zieht eine über die andere her – ich höre lieber nicht hin.

Es ist noch hell, als wir Herrn N. schließlich in Ivenbusch finden. Mit Frau, zwei Kindern und seiner Schwägerin fand er Aufnahme bei einer Frau D. Ivenbusch wirkt wie eine Handvoll weit verstreuter Abbauten, die vom russischen Militär bisher weitgehend verschont geblieben sind. Das erklärt auch, dass Herr N. sein Fuhrwerk behalten konnte. Ein Pferd mit kleinem Kastenwagen. Heute habe es keinen Sinn mehr loszuziehen, entscheidet Herr N. Das Pferd sei unruhig und der Weg zu weit, um Buchwerder noch vor der Dunkelheit zu erreichen. Morgen früh werde man starten.

Frau D., die mit ihrer kleinen Tochter alleine in dem Haus lebt, nimmt auch uns Neuankömmlinge bereitwillig für eine Nacht auf. Dort bei ihr werden nun wilde Gerüchte diskutiert. Die Russen würden unterwegs die Flüchtlinge einfach erschießen oder mitschleppen, sagen die einen, während andere das genaue Gegenteil behaupten. Unsere Frauen und auch die N.s scheint dieses Gerede nicht wirklich zu beunruhigen. Sie wollen morgen unbedingt los. Ich würde am liebsten hierbleiben und mich irgendwo verkriechen, sehe aber ein, dass die freundliche Frau D. so viele Menschen nicht beherbergen kann. Ich rede mir selbst zu: »*Es wird schon irgendwie klappen.*«

*

Als ob sich in Gornitz die Russen an unsere Fersen geheftet hätten, kommen kurz vor Einbruch der Dunkelheit tatsächlich Soldaten auf diesen sonst ruhigen

Hof. Überall schnüffeln sie herum, kommen auch zu uns in die Zimmer. Ich zucke zusammen. Wenn ich diese Uniformen nur sehe, fährt tiefe Angst wie ein Blitz in mich. Frau W. stellt sich zwar vor mich, doch da hat einer der Kerle mich schon gesehen. Was wird er tun? Zu meiner Überraschung nimmt er nicht sonderlich Notiz von mir und verlässt gleich wieder unser Zimmer. Ich atme auf.

Später am Abend buttert Frau N. noch. Milch gibt es auf diesem einsamen Hof von ein paar Kühen im Stall. Frau N. gibt die Sahne in eine kleine Milchkanne, die sie nun unablässig schüttelt. Bei Tante Martha hatte ich als Kind oft beim Buttern zugeschaut. Sie schleuderte die Sahne in einer kleinen Holztonne mit einer Handkurbel, bis sich die Butter an der Tonnenwand absetzte. Doch in einer kleinen Milchkanne die Milch nur schütteln? Fasziniert schaue ich Frau N. zu. Ihre geduldige Arbeit wird belohnt – einige kleine Klumpen Butter fischt sie gute Zeit später aus der Kanne.

In dieser Nacht suchen elf Flüchtlinge bei Frau D. und ihrem Töchterchen eine Schlafstatt. Ich finde meine mit vier anderen in zwei Betten eines Zimmers, dessen Fenster nicht verdunkelt sind. So liege ich noch lange wach und schaue in die Lichtblitze am nächtlichen Himmel, die ab und an das Zimmer erhellen. Es sind wohl Explosionen von Geschossen, vernehme ich doch aus der Ferne lauten Gefechtslärm, der unsere Fensterscheiben klirren lässt. *»Wenn unsere Soldaten doch bloß bald kommen!«*, denke ich. Noch immer hoffe ich auf diese Rettung und glaube fest daran. So enden meine damaligen Aufzeichnungen mit den Worten:

»*In acht bis vierzehn Tagen sieht es bestimmt schon wieder ganz anders aus … Es kann ja schließlich auch nicht so bleiben.*«

Tatsächlich sah es ein, zwei Wochen später anders aus, doch nicht so, wie ich in Ivenbusch noch hoffte. Nur gut, dass ich an jenem Abend nicht ahnte, dass diese Tage erst der Beginn einer fünfzehn Monate währenden Flucht waren.

Epilog

Am späten Abend des 8. Februar 1945 hoffte ich noch, bald etwas über den Verbleib meiner nächsten Angehörigen zu erfahren. Doch diese Hoffnung sollte sich so schnell nicht erfüllen. Dagegen traf ich fünf Monate später, am 26. Juni, überraschend auf meine zwölf Jahre ältere Cousine Lia, die Tochter von Tante Martha. Sie fand mich in Buchwerder beim Kühehüten auf den Netzewiesen der Dorfgemeinde. Noch am selben Abend verließ ich mit ihr Haus und Hof des kleinen Anwesens der Familie J., die mir – anstelle der Bäuerin S. – als willkommener Arbeitskraft ein Dach über dem Kopf und ein Leben mit ihnen geboten hatte, um mit Lia zu weiteren Verwandten aufzubrechen. Unser vorläufiges Ziel hieß Grewingsberg, ein Gut in Hinterpommern im Kreis Tempelburg. Bis dorthin waren unsere Runauer Familienangehörigen gelangt, bevor auch ihre Flucht von der Roten Armee jäh gestoppt wurde. Von meinem Verbleib in Buchwerder erfuhr Lia durch Dorfbewohner aus dem nahe gelegenen Runau, wohin sie zu Fuß gekommen war, um nach dem elterlichen Gut zu schauen. Dort hatte ich zuvor meinerseits nach den Verwandten fragen lassen.

Nun sollte ein weiteres dreiviertel Jahr Arbeitsleben in ländlicher Umgebung unter russischer Besatzung und inzwischen polnischer Verwaltung für mich beginnen.

*Identitätsschein der polnischen Verwaltung – aus Angst vor
weiterer Gewalt gab ich ein falsches Geburtsjahr an.*

Doch diesmal unter der beschützenden Fürsorge meiner Cousine und umgeben von weiteren entfernten Verwandten. Frei von Gefahren war mein Leben während all der Zeit nicht, besonders in Buchwerder und auch auf Gut Grewingsberg lauerte weiterhin Gefahr. Doch gelang es mir stets, mich erneuter russischer Gewalt zu entziehen, selbst dann, als auch die Bäuerin J. mich wiederholt lüsternen russischen Soldaten auszuliefern bereit war. In welchen Ecken des kleinen Anwesens ich mich nachts oder auch tags bei drohendem Unheil versteckte, erfuhr sie nie.

Immer wieder plagten mich in Buchwerder Heimweh und die Sehnsucht nach meiner Familie, immer wieder durchlitt ich Angstzustände – durch die erfahrene Gewalt und den dadurch erlittenen Schock sollte meine Menstruation insgesamt sieben Jahre lang ausbleiben. In solchen Momenten habe ich aus bangem Herzen nach und nach einen kleinen Brief an meine Mutter auf

den freien Notizseiten des kleinen hellblauen Taschen-
kalenders notiert, den ich während all dieser Monate
in meiner Hosentasche trug. Meine Mutter las ihn nie,
wusste auch nichts von seiner Existenz. Als ich dann
um die Ostertage des Jahres 1946 meine Angehörigen
in Hamburg wiedersah und meinem tiefen Bedürfnis,
mich endlich mitzuteilen, nicht stattgegeben wurde,
verschwieg ich auch diesen Brief, schien man auf mich
doch gar nicht mehr gewartet zu haben. So soll dieses
kleine, mir einst so wichtige Dokument in diesem Epi-
log zitiert werden:

*»Ach Mutti, wenn wir doch zusammen sein könnten.
Wie wird es Dir gehen? Die verstehen mich hier alle
nicht. Ich bin doch noch gar nicht so groß und alt. Mit
keinem kann ich so richtig über alles reden. Höchstens
mit Frau W. Wenn die nicht wäre. Hoffentlich ist Julia
nichts passiert. Wenn ich doch nicht von Dir fortge-
fahren wäre. Ich wollte doch immer nicht. Nun wissen wir alle nichts voneinander. Ich bin ja so allein!
Und Frau J. schimpft so oft auf mich, weil ich es nicht
richtig mache. Aber ich kann das doch noch nicht
alles. Auch wenn ich ausrücke. Es ist doch keiner da,
der mir beisteht. Wenn Du doch nur da wärest. Ich
habe schon immer solche Angst, weil ich mein Unwohl-
sein nicht habe. Es sind jetzt schon bald 10 Wochen.
Du könntest mir sicher helfen. Wenn nur der liebe
Gott mir das nicht antun möchte. So kann das doch
nicht bleiben. Wenn ich wenigstens einen von Euch
hätte. Wo steckt wohl Barbi? Christian haben sie mir
auch noch weggenommen. Die sind hier alle zusammen. Warum bin ich bloß ein Mädchen? Hoffentlich*

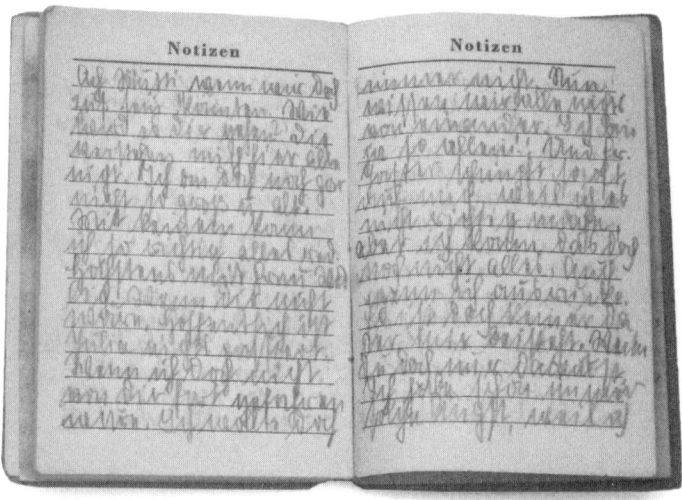

Der Brief an meine Mutter im hellblauen Taschenkalender

ist es Julia und Barbi nicht so gegangen. Wo Barbi
doch sowieso schon immer so darunter leidet. Ach,
wenn ich doch einen hätte! Hoffentlich werden wir
doch bald erlöst. Ich habe solche Sehnsucht nach Dir,
Mutti. – Jetzt sind es schon 14 Wochen!! Morgen will
ich zu Spiker* gehen!?!!!
Ich hab doch nicht gedacht, dass es so lange dauern
würde. Wie lange werden wir bloß noch getrennt sein?
Ach Mutti, wär ich bloß nicht ohne Dich gefahren!!
Jetzt ist auch schon Pfingsten vorbei.«

---

* »Spiker« war ein ebenfalls in Buchwerder gestrandeter Flücht-
ling, der sich als Arzt ausgab. Ob er wirklich fertig ausgebildeter
Arzt war – ich zweifelte daran. Trotzdem vertraute ich mich ihm
an. Er beruhigte mich, was ich auch annehmen konnte, da ich keinerlei Veränderungen an meinem Körper feststellte. Sehr vielen betroffenen Frauen erging es damals wie mir. So prägten die Gynä-
kologen den Begriff »Russen-Krankheit«.

Nachwort

von Dr. Birgit Beck-Heppner

In der deutschen Erinnerungskultur des Zweiten Weltkrieges zeichnet sich seit den 1990er-Jahren ein Paradigmenwechsel ab. War sie zuvor vom Diskurs über die Verbrechen des nationalsozialistischen Regimes geprägt, wird die Erinnerung an die Zeit von 1939 bis 1945 nun von den leidvollen, individuellen Erfahrungen der deutschen Bevölkerung während der Bombardierungen durch die alliierten Streitkräfte und in den verschiedenen Phasen von Flucht, Vertreibung und Besatzungszeit dominiert. Publikumswirksame Zeugnisse dieser veränderten Perspektive sind etwa das Werk *Der Brand* von Jörg Friedrich über den Bombenkrieg 1940 bis 1945 sowie die literarische Verarbeitung der Fluchtthematik durch Günter Grass in seinem Buch *Im Krebsgang*. Das zunehmende Interesse an den »subjektiven Zugängen zur deutschen Geschichte« spiegelt sich auch deutlich in der medialen Aufmerksamkeit wider, mit der 2003 die Neuauflage des Tagebuches *Eine Frau in Berlin*, das die sexuellen Gewalterfahrungen deutscher Frauen bei Kriegsende 1945 eindrücklich beschreibt, verfolgt wurde.[1]

---

[1] Beßlich/Grätz/Hildebrand, Wende des Erinnerns?, S. 10–13, Zitat S. 13; Echternkamp, Im Schlagschatten des Krieges, S. 657 f., 696.

Nicht nur im öffentlichen Bewusstsein, sondern auch in der jüngeren geschichtswissenschaftlichen Forschung zur Alltags- und Sozialgeschichte des Krieges wird dieser »vor allem aus der Perspektive der Gewalt, die er mit sich bringt, und der Zerstörung, der mentalen wie der physischen, die er hinterlässt«, betrachtet.[2] Der Fokus richtet sich dabei auf die persönlichen Erfahrungen des Individuums und die Frage, wie der Krieg und das Kriegsende die Biografien der darin involvierten Frauen und Männer, Kinder und Jugendlichen, beeinflusst und geformt hat. Als Informationsquellen dienen im Rahmen der sogenannten »Oral History« Interviews mit Zeitzeuginnen und Zeitzeugen, Autobiografien, Tagebücher oder andere Ego-Dokumente wie der vorliegende Erinnerungsbericht, deren Auswertung und Analyse eine besondere methodische Herausforderung darstellen. Ohne auf diese hier im Detail eingehen zu können, ist festzuhalten, dass Gabi Köpp die Ereignisse im Winter 1945 aus der Retrospektive und mit einer erheblichen zeitlichen Distanz schildert. Sie stützt sich zwar im Wesentlichen auf Tagebuchnotizen vom Sommer 1946, allerdings ist ihre individuelle »Rekonstruktion von Vergangenheit« nicht nur durch die eigene Biografie nach dem Krieg, sondern auch durch die seither erfolgte gesellschaftliche und wissenschaftliche Beschäftigung mit den Ereignissen bei Kriegsende 1945 geprägt.[3] Das zeigen zum einen Köpps Bemerkungen zum Holocaust, von dem sie erst nach dem Krieg erfuhr, zum anderen lassen

---

[2] Bessel, Gewalterfahrung, S. 255.
[3] Keller, Rekonstruktion von Vergangenheit, S. 32–48, 62–70.

verschiedene Elemente ihrer Erzählung eine differenzierte, durch den zeitlichen Abstand beeinflusste Betrachtungsweise erkennen. So vermeidet sie trotz der schrecklichen Erlebnisse mit einigen Soldaten eine pauschale Verurteilung aller Russen und erwähnt Beispiele für mitmenschliches Verhalten, das Rotarmisten anderen Menschen und ihr selbst gegenüber an den Tag legten.

Die Fokussierung auf ein Einzelschicksal und das persönliche Erleben trägt deshalb trotz der erwähnten methodischen Einschränkungen dazu bei, das Faktenwissen über die letzten Monate des Krieges um eine subjektive Perspektive zu erweitern. Unter Berücksichtigung des historischen Kontextes können autobiografische Quellen darüber hinaus auch als Ausgangsbasis dienen, um nach kollektiven Erfahrungen und Handlungsmustern zu fragen. So greift Gabi Köpp in ihrem zeitgeschichtlichen Dokument Themen aus dem »Leidenskatalog«[4] der deutschen Bevölkerung in der Endphase des Krieges auf, die bereits in den Anfangsjahren der Bundesrepublik die Grundlage für die kollektive Erinnerung bildeten. Dazu zählen Flucht und Vertreibung, der Tod oder die Trennung von Familienangehörigen, der Verlust von Heimat und Besitz sowie körperliche und psychische Beeinträchtigungen. Die sexuellen Gewalttaten, die durch Angehörige der Roten Armee verübt worden waren, konnten allerdings nur noch in der unmittelbaren Nachkriegszeit öffentlich thematisiert werden, wie die zahlreichen Ego-Dokumente von Frauen aus dieser Zeit belegen. Bereits we-

---

[4] Bessel, Gewalterfahrung, S. 259.

nige Jahre nach dem Krieg waren die sexuellen Gewalterfahrungen bereits mit einem Tabu belegt – eine Entwicklung, die auch Köpp in ihrer eigenen Familie schmerzhaft zur Kenntnis nehmen musste. Eine Aufarbeitung der Geschehnisse erfolgte erst im Zusammenhang mit den Ereignissen im Bürgerkrieg im ehemaligen Jugoslawien, die das Thema sexuelle Gewalt in Kriegen wieder in das Bewusstsein der Öffentlichkeit rückten und zudem zu einer intensiven wissenschaftlichen Erforschung führten.

Das mittlerweile durch empirische Arbeiten abgestützte und erweiterte Wissen über dieses Phänomen erlaubt einige grundlegende Aussagen, die den vorliegenden persönlichen Bericht in einen breiteren Zusammenhang stellen sollen.[5]

Individuelle Erinnerung und historischer Kontext

Gabi Köpp flüchtete am 26. Januar 1945 im Alter von 15 Jahren zusammen mit ihrer Schwester und weiteren Verwandten vor der heranrückenden sowjetischen Armee aus ihrem Heimatort Schneidemühl in der damaligen Grenzmark Posen-Westpreußen. Nur einen Tag später, am 27. Januar 1945, wurde das Vernichtungslager Auschwitz durch Truppen der Roten Armee befreit. Während das eine Datum für Köpp den Beginn ihrer 15-monatigen Flucht und einer von Angst, Ein-

---

[5] Siehe den Literaturüberblick bei Schwensen, Sexuelle Gewalt, S. 67–90.

samkeit, Entbehrungen und Gewalt dominierten Zeit markiert, bedeutete das zweite nicht nur die Rettung der in Auschwitz noch lebenden jüdischen Häftlinge, sondern es symbolisiert zugleich die Befreiung von der nationalsozialistischen Gewaltherrschaft.

Beide Daten stehen exemplarisch für zentrale Ereignisse des Zweiten Weltkrieges und sie verweisen darauf, dass die Gabi Köpp prägenden Erfahrungen während ihrer Flucht nicht losgelöst von der Geschichte des Nationalsozialismus und der Zeit zwischen 1933 und 1945 betrachtet werden können. So ging den verschiedenen Phasen von Evakuierung, Flucht und Vertreibung der deutschen Bevölkerung der vom nationalsozialistischen Regime in Europa entfachte Zweite Weltkrieg voraus. Als Folge des Krieges starben mehr als 60 Millionen Menschen, überwiegend Zivilistinnen und Zivilisten, darunter auch sechs Millionen Juden, die im Rahmen des Holocaust vor allem in Osteuropa ermordet wurden. Allein in der Sowjetunion kamen zwischen 1941 und 1945 mehr als 25 Millionen Menschen im Rahmen des dort völkerrechtswidrig geführten Krieges, des Völkermordes an den Juden und der deutschen Germanisierungs- und Siedlungspolitik um. Diesen Kontext gilt es bei der Erinnerung an Flucht und Vertreibung der deutschen Bevölkerung zu berücksichtigen, denn er verdeutlicht, warum die »vom nationalsozialistischen Deutschland besetzten mittel- und osteuropäischen Staaten (...) in der Vertreibung der Deutschen eine Vergeltung für das Unrecht des NS-Regimes« gesehen haben.[6]

---

[6] Kossert, Kalte Heimat, S. 9, 27, Zitat S. 32.

Flucht und Vertreibung[7]

Noch während des Krieges setzten im Spätsommer 1944 die Fluchtbewegungen und die von der Wehrmacht oder den örtlichen Behörden angeordneten Evakuierungen der »Volksdeutschen« aus Rumänien, Jugoslawien, Ungarn, der Slowakei und Mähren ein, denen sich die Flucht der deutschen Zivilbevölkerung aus Ost- und Westpreußen, Schlesien, Pommern und dem östlichen Teil Brandenburgs anschloss. Die im Januar 1945 begonnene Offensive der Roten Armee und das schnelle Vorrücken ihrer Truppen führten insbesondere in Ostpreußen, Schlesien und Ostbrandenburg dazu, dass ein Großteil der deutschen Zivilbevölkerung, aber auch viele der dort im Laufe des Krieges eingesetzten »Ostarbeiterinnen« und »Ostarbeiter« zwischen die Fronten gerieten und eine Spirale der Gewalt erlebten. Ab März 1945 standen die Gebiete östlich von Oder und Neiße unter sowjetischer Besatzung und bis Mai waren von dort etwa 7,5 Millionen Einwohner vor der Roten Armee geflohen. Im Zuge des Potsdamer Abkommens vom August 1945 wurden diese Gebiete endgültig an Polen abgegeben und im November 1945 entschied der Alliierte Kontrollrat über die Ausweisung der dort noch verbliebenen Deutschen aus der Tschechoslowakei, Ungarn, Ostpreußen und den durch Polen besetzten Gebieten. Als Folge des Krieges mussten insgesamt etwa 20 Millionen Menschen ihre Heimatgebiete verlassen: Tschechen, Polen,

---

[7] Echternkamp, Im Schlagschatten des Krieges, S. 662–664; Kossert, Kalte Heimat, S. 27–30.

144

Slowaken, Weißrussen, Ukrainer, Ungarn, Litauer sowie 14 Millionen Deutsche.

Für diejenigen Deutschen, die noch während des Krieges flüchteten oder evakuiert wurden, verwischten sich die Grenzen zwischen der eigentlichen militärischen Front und dem bislang von Gewalt weitgehend verschonten Zuhause immer mehr. Der in den Dörfern und Städten gebliebene oder während der Flucht von den Truppen der Roten Armee eingeholte Teil der Bevölkerung »erlebte eine Zeit blutigster Ausschreitungen und schlimmster Drangsalierungen«. Dazu zählten neben Ermordungen, Plünderungen, Brandschatzungen, willkürlichen Zerstörungen von Eigentum sowie Deportationen zum Arbeitseinsatz auch verschiedene Formen sexueller Gewaltausübung gegenüber Frauen aller Altersgruppen, die sich in vielen zeitgenössischen Schilderungen finden.[8] Diese Erzählungen wurden bereits kurz nach dem Krieg vom damaligen Bundesministerium für Vertriebene, Flüchtlinge und Kriegsgeschädigte in der *Dokumentation der Vertreibung der Deutschen aus Ost-Mitteleuropa* herausgegeben und sind auch in neueren Publikationen zitiert.[9] Die Berichte über sexuelle Gewalt sind »viel zu zahlreich, als daß man sie als isolierte Vorfälle betrachten könnte«[10], und sie verdeutlichen, dass Gabi Köpp in Bezug auf das Auftreten von sexueller Gewalt kein Einzelschicksal beschreibt, sondern ihre Erlebnisse kollektiver Natur waren: Sie betrafen andere deutsche, aber auch

---

[8] Zeidler, Rote Armee, S. 713–719, Zitat S. 713 f.
[9] Münch, »Frau, komm!«, S. 17.
[10] Naimark, Russen, S. 96.

polnische, slowakische, ukrainische sowie ungarische Mädchen und Frauen. Die häufig als »Massenvergewaltigungen« umschriebenen Vorfälle werfen Fragen nach der Definition, dem Ausmaß, der Bedeutung und Funktion sowie den Ursachen und der strafrechtlichen Ahndung von sexueller Gewalt in Kriegen auf.

Sexuelle Gewalt – eine Begriffsklärung[11]

Gabi Köpp benutzt in ihrer Rückschau nur einmal die Begriffe »vergewaltigen« und »sexuelle Gewalt« und beschränkt sich ansonsten auf Andeutungen, die auf mehrfach erlittene Vergewaltigungen verweisen, jedoch letztlich keine konkreten Aussagen über die Art der gewaltsamen Verletzung zulassen. Die Bezeichnungen »sexuelle« beziehungsweise »sexualisierte Gewalt« umfassen aber generell eine Vielzahl von Handlungen, die die sexuelle Integrität eines Menschen verletzen können. So zählen dazu neben versuchten und vollendeten Vergewaltigungen, die zu ungewollten Schwangerschaften oder Geschlechtskrankheiten führen können, verschiedene Formen der sexuellen Folter wie die Penetration oder Verstümmelung der Geschlechtsteile mit Gegenständen, erzwungene Nacktheit sowie Zwangsprostitution und Zwangssterilisationen.
In der wissenschaftlichen Forschung werden Sexualdelikte als eine spezifische Form von Aggression charakterisiert, die zum einen die Machtdemonstration des

---

[11] Campbell, Transitional Justice, S. 30–34; Beck, Wehrmacht, S. 28–30.

Täters oder auch der Täterin, zum anderen die Demütigung, Erniedrigung und Unterwerfung des Opfers zum Ziel hat. Daher können diese Gewalttaten von männlichen und weiblichen Akteuren ausgehen und sowohl Frauen als auch Männer betreffen, denn die damit verbundenen Intentionen können unabhängig vom Alter und Geschlecht des davon betroffenen Menschen wirksam werden. Mit der Frage »Warum bin ich bloß ein Mädchen?« verweist Köpp jedoch nicht nur darauf, dass sie selbst die Festschreibung des Geschlechtsunterschieds auf gewaltsame Art und Weise erfahren hat, sondern sie macht zugleich auf die Tatsache aufmerksam, dass sexuelle Gewalt insbesondere in Kriegen und militärischen Auseinandersetzungen eine geschlechtsspezifische ist, da diese Taten mehrheitlich von Männern gegenüber Frauen verübt werden.

Krieg und sexuelle Gewalt[12]

Die bisherigen historischen und soziologischen Forschungen über den Dreißigjährigen Krieg, den Ersten und Zweiten Weltkrieg, den Vietnamkrieg, den Bürgerkrieg im ehemaligen Jugoslawien und den Völkermord in Ruanda – um nur einige Beispiele zu nennen – belegen das Auftreten von sexueller Gewalt an unterschiedlichen Kriegsschauplätzen und zu unterschiedlichen Zeiten. Sie dokumentieren, dass sexuelle Gewalt abhängig von der jeweiligen Kriegsform – Kriege zwischen zwei oder mehreren Staaten, Bürgerkriege, eth-

---

[12] Beck, Wehrmacht, S. 33–62; Wood, Sexuelle Gewalt, S. 75–89.

nische und nicht ethnische Konflikte – in Bezug auf
Ausmaß, Intensität, Erscheinungsformen und diszipli-
narische oder strafrechtliche Sanktionen stark differie-
ren kann. Um die Ursachen, Zielsetzungen und Aus-
wirkungen solcher Ereignisse analysieren zu können, ist
es daher unerlässlich, sexuelle Gewaltverbrechen in
Kriegen am jeweiligen konkreten Beispiel unter Einbe-
zug des gesellschaftlichen, politischen und militärischen
Kontextes zu untersuchen. Dennoch lässt sich festhal-
ten, dass sexuelle Gewalt im Rahmen eines Krieges
oder bewaffneten Konfliktes eine doppelte Funktion
einnehmen kann, wenn sie in größerem Ausmaß auf-
tritt. Solche Gewaltverbrechen dienen dann nicht nur
dazu, das davon direkt betroffene Individuum zu er-
niedrigen, sondern sie signalisieren der gegnerischen
Bevölkerung, dass ihre politische Führung und die eigene Armee ihren Schutz nicht mehr garantieren können. Deshalb finden, anders als im nichtkriegerischen
Alltag üblich, diese Gewalttaten auch nicht im Gehei-
men, sondern oftmals in der Öffentlichkeit und im erzwungenen Beisein von Zeuginnen und Zeugen statt.
Darüber hinaus wird sexuelle Gewalt im Krieg häufig
– wie auch bei Köpp beschrieben – durch mehrere
Männer in Form von Gruppenvergewaltigungen verübt, die die traumatisierende Wirkung auf das Opfer
und die physischen Verletzungen verstärken können.

Die quantitative Dimension

Generell ist zu konstatieren, dass Aussagen über die
Häufigkeit sexueller Gewaltverbrechen in Kriegen

aufgrund der schwierigen und dürftigen Quellenlage äußerst problematisch sind. Dies trifft auch auf die Taten zu, die durch Angehörige der sowjetischen Armee verübt wurden. Zwar existieren in verschiedenen Publikationen Zahlen zum Ausmaß, sie können jedoch nicht als gesichert gelten und erlauben nur mehr eine ungefähre Einschätzung der damaligen Situation. So beruht die diesbezüglich häufiger zitierte Zahl von zwei Millionen Mädchen und Frauen, darunter 1,4 Millionen in den Ostgebieten, die durch Angehörige der Roten Armee vergewaltigt worden sein sollen, auf keiner empirisch überprüfbaren Grundlage. Ebenso basieren die Angaben über die Opfer sexueller Gewalt beim Einmarsch der Roten Armee in Berlin 1945 auf unterschiedlichen Hochrechnungen und Schätzungen, die in der Literatur genannten Zahlen umfassen daher die große Bandbreite von 100 000 bis 800 000 Opfern. Der gegenwärtige Forschungsstand lässt aus diesem Grund nur den Befund zu, dass es sich bei den von Rotarmisten verübten Sexualverbrechen »um ein Massengeschehen gehandelt hat, das sich einer auch nur einigermaßen verläßlichen Quantifizierung entzieht«.[13] Ähnliches gilt für ein anderes Beispiel aus dem Zweiten Weltkrieg, das in Bezug auf sexuelle Gewalt zu den besser empirisch analysierten Fällen zählt. Während des Krieges in Ostasien zwischen 1937 und 1945 verübten Soldaten der japanischen Armee unzählige sexuelle Gewalttaten, von denen diejenigen bei der Einnahme der damaligen chinesischen Hauptstadt Nanking

---

[13] Zeidler, Rote Armee, S. 774 f., Zitat S. 775; Naimark, Russen, S. 169 f.

nicht nur durch Zeugenaussagen, sondern zugleich durch militärische Quellen belegt sind. Ähnlich wie für Berlin variieren jedoch auch für die als »Rape of Nanjing« bekannten Vorfälle die Zahlenangaben von 20 000 bis hin zu 80 000 betroffenen Frauen.[14] Dies zeigt, dass die Bestimmung der quantitativen Dimension erhebliche Probleme bereitet und für die Analyse und Charakterisierung von sexueller Gewalt im Krieg nicht als alleiniges Kriterium herangezogen werden kann.

Ursachen und Sanktionen[15]

Die Sexualverbrechen, die durch Angehörige der Roten Armee verübt wurden, sind nicht nur in Bezug auf die Abläufe und diversen Erscheinungsformen, sondern auch im Hinblick auf die Reaktionen der politischen und militärischen Führung vergleichsweise gut dokumentiert. Die erhaltenen zeitgenössischen Quellen verweisen auf verschiedene Phasen, in denen Gewalthandlungen gegenüber der Zivilbevölkerung zunächst überwiegend toleriert und dann mit Blick auf die besatzungspolitischen Intentionen zunehmend sanktioniert wurden.

Während des Vorrückens der Roten Armee 1944 wurden die Soldaten zunächst durch entsprechende propagandistische Artikel, Flugblätter und militärische

---

[14] Beck, Wehrmacht, S. 44–46; Wood, Sexuelle Gewalt, S. 80.

[15] Zeidler, Rote Armee, S. 682–705, 726–741; Satjukow, Besatzer, S. 36–56.

Veröffentlichungen dazu aufgerufen, an der deutschen Bevölkerung Vergeltung für die durch den Krieg in der Sowjetunion erlittenen Schäden zu üben. Gabi Köpp nennt in diesem Zusammenhang den sowjetischen Schriftsteller Ilja Ehrenburg, dessen eindringliche Appelle an die Rachegefühle der Soldaten in der Militärpresse publiziert wurden. Auch wenn ein berüchtigtes Flugblatt, mit dem er explizit zur Vergewaltigung deutscher Frauen aufgerufen haben soll, als »Legende« angesehen werden muss, so ist unbestritten, dass die sowjetische Propaganda einen wesentlichen Anteil an den Gewalttätigkeiten einiger Rotarmisten hatte.

Nicht nur die Erzählungen deutscher Zeitzeugen, sondern auch militärische Sonderbefehle oder entsprechende Schreiben des Armeestaatsanwaltes belegen den zunehmenden Disziplinverlust bei der Armee und das mangelnde Eingreifen des Offizierskorps, das so mit zur Ausbreitung der Gewalt beitrug. Bereits im Januar 1945 ergingen deshalb klare Befehle seitens der Frontkriegsräte und der militärischen Strafverfolgungsbehörden, die bei Androhung von Strafe nicht nur Plünderungen und mutwilliges Zerstören von deutschem Eigentum untersagten, sondern auch Gewaltanwendung gegenüber Frauen und alten Menschen. Der Richtungswechsel wurde auch in der militärischen Presse deutlich, da nun vermehrt Artikel erschienen, die die Soldaten zur Zurückhaltung und einem angemessenen Benehmen gegenüber der deutschen Zivilbevölkerung aufriefen.

Diese Bemühungen zur Wahrung der Disziplin führten vereinzelt dazu, dass Plünderungen oder Sexualverbrechen mit dem Tode oder Auspeitschen des Soldaten geahndet wurden. Jedoch konnten auf diese Weise die Gewalthandlungen nicht eingedämmt werden, da viele Soldaten aufgrund der eigenen Kriegserlebnisse und der Erfahrungen ihrer Familien unter deutscher Besatzung ein »Rachebedürfnis mit Zerstörungswut« und einen intensiven »Hass auf den (…) Luxus und Überfluss« in Deutschland entwickelt hatten.[16] Unter vermehrtem Alkoholeinfluss, wie ihn auch Köpp beschreibt, führten diese Emotionen dann zu Gewaltausbrüchen, die von den für die Disziplin zuständigen Offizieren nur selten oder gar nicht unterbunden wurden. Im April 1945 ergingen deshalb Befehle Stalins, die zur Zurückhaltung gegenüber deutschen Frauen aufforderten, und im Sommer 1945 wurde schließlich ein Fraternisierungsverbot erlassen. Die Sexualdelikte nahmen jedoch in der sowjetischen Besatzungszone erst im Winter 1947/48 deutlich ab, als sich die Armeeangehörigen zunehmend in Kasernen und an bewachten Standorten aufhalten mussten.

Sexuelle Gewalt als Kriegsverbrechen [17]

Die von Rotarmisten, aber auch von Soldaten der anderen alliierten Armeen und der Achsenmächte begangenen Sexualverbrechen verstießen nicht nur gegen geltendes Militärrecht und einschlägige Befehle, sondern stellten auch nach dem damals geltenden huma-

---

[16] Merridale, Iwans Krieg, S. 348.
[17] Beck, Wehrmacht, S. 62–68; Campbell, Transitional Justice, S. 26–30.

nitären Völkerrecht ein Kriegsverbrechen dar. Die wesentliche Grundlage bildete während des Zweiten Weltkrieges die »Haager Landkriegsordnung«, die im Zuge der beiden Haager Friedenskonferenzen von 1899 und 1907 verabschiedet worden war. Auch wenn dort in den entsprechenden Artikeln über den Status der Zivilbevölkerung im Krieg der Schutz von Frauen vor körperlicher Gewalt nicht explizit genannt wurde, verweisen einzelne Formulierungen auf die Intention, die Unverletzlichkeit und körperliche Integrität von Zivilisten und Zivilistinnen zu achten.

Das Wissen um die während des Zweiten Weltkrieges stattgefundenen Verstöße gegen das Völkerrecht spiegelte sich zwar noch nicht im Statut für den Internationalen Militärgerichtshof wider, denn dort fanden Vergewaltigungen und andere Formen sexueller Gewalt keinen expliziten Eingang in die Beschreibung der drei Tatbestände »Verbrechen gegen den Frieden«, »Kriegsverbrechen« und »Verbrechen gegen die Menschlichkeit«. Im Kontrollratsgesetz Nr. 10 vom 20. Dezember 1945 wurde jedoch Vergewaltigung im Abschnitt über die »Verbrechen gegen die Menschlichkeit« wörtlich aufgeführt. Darüber hinaus brachten die Anklagevertreter der französischen und sowjetischen Seite während der Nürnberger Prozesse auch Fälle von sexuellen Gewaltverbrechen deutscher Soldaten vor, die das völkerrechtswidrige Verhalten der deutschen Truppen dokumentieren sollten. Diese Taten spielten jedoch bei den Urteilsbegründungen keine erkennbare Rolle mehr, was nicht nur mit zeitgenössischen ideologischen und politischen Beweggründen zu erklären ist, sondern auch mit der Tatsache, dass insbesondere die sowjetische Seite aufgrund des Verhaltens ihrer eigenen Armee in Erklärungsnot geraten wäre.

Nach dem Zweiten Weltkrieg nahmen dann erstmals die Genfer Konventionen von 1950 und deren Zusatzprotokolle von 1977 den expliziten Schutz von Frauen vor sexueller Gewalt auf und führten als verbotene Handlungen in internationalen wie nicht internationalen Konflikten Vergewaltigungen und Zwangsprostitution auf. Diese neuen Rechtsgrundlagen bildeten zusammen mit verschiedenen Resolutionen der Vereinten Nationen auch die Basis für die Verfahren vor dem »Internationalen Strafgerichtshof für das ehemalige Jugoslawien« und dem »Internationalen Strafgerichtshof für Ruanda«, in denen sowohl sexuelle Gewaltverbrechen gegenüber Frauen wie auch gegen Männer verhandelt werden. Nach dem heutigen Stand des humanitären Völkerrechts, wie er im Statut für den »Ständigen Internationalen Strafgerichtshof« vom Juli 2002 verankert ist, kann sexuelle Gewalt als Bestandteil von Kriegsverbrechen, Völkermord oder Verbrechen gegen die Menschlichkeit zur Anklage gebracht und entsprechend geahndet werden.

Diese positive Entwicklung im Hinblick auf die strafrechtliche Verfolgung von sexueller Gewalt im Krieg gründet auch auf dem Mut von denjenigen Menschen, die ihr Schweigen gebrochen haben und über ihre Gewalterfahrungen berichteten. Deshalb sind Veröffentlichungen wie diejenige von Gabi Köpp notwendig, um die Erinnerung an historische Ereignisse wachzuhalten und zugleich auf die Aktualität der Thematik aufmerksam zu machen.

Bibliografie zum Nachwort

Beck, Birgit: *Wehrmacht und sexuelle Gewalt. Sexualverbrechen vor deutschen Militärgerichten 1939–1945* (Krieg in der Geschichte, Bd. 18), Paderborn 2004

Bessel, Richard: Gewalterfahrung und Opferperspektive. Ein Rückblick auf die beiden Weltkriege des 20. Jahrhunderts in Europa, in: Jörg Echternkamp/Stefan Martens (Hg.), *Der Zweite Weltkrieg in Europa. Erfahrung und Erinnerung*, Paderborn 2007, S. 253–267

Beßlich, Barbara/Grätz, Katharina/Hildebrand, Olaf (Hg.): *Wende des Erinnerns? Geschichtskonstruktionen in der deutschen Literatur nach 1989* (Philologische Studien und Quellen, Heft 198), Berlin 2006, S. 7–17

Campbell, Kirsten: Transitional Justice und die Kategorie Geschlecht. Sexuelle Gewalt in der Internationalen Strafgerichtsbarkeit, in: *Mittelweg 36*, 1 (2009), S. 26–52

Echternkamp, Jörg: Im Schlagschatten des Krieges. Von den Folgen militärischer Gewalt und nationalsozialistischer Herrschaft in der frühen Nachkriegszeit, in: *Das Deutsche Reich und der Zweite Weltkrieg*, hrsg. vom Militärgeschichtlichen Forschungsamt, 10 Bde., hier Bd. 10/2: Die Folgen des Zweiten Weltkrieges, München 2008, S. 657–697

Keller, Barbara: *Rekonstruktion von Vergangenheit. Vom Umgang der »Kriegsgeneration« mit Lebenserinnerungen*, Opladen 1996

Kossert, Andreas: *Kalte Heimat. Die Geschichte der deutschen Vertriebenen nach 1945*, München 2008

Merridale, Catherine: *Iwans Krieg. Die Rote Armee 1939 bis 1945*, Frankfurt/Main [2]2006

Münch, Ingo von: »*Frau, komm!*« *Die Massenvergewaltigungen deutscher Frauen und Mädchen 1944/45*, Graz 2009

Naimark, Norman M.: *Die Russen in Deutschland. Die sowjetische Besatzungszone 1945 bis 1949*, Berlin 1997

Satjukow, Silke: *Besatzer.* »*Die Russen*« *in Deutschland 1945–1994*, Göttingen 2008

Schwensen, Ingwer: Sexuelle Gewalt in kriegerischen Konflikten. Auswahlbibliographie für die Erscheinungsjahre 2002 bis 2008, in: *Mittelweg 36*, 1 (2009), S. 67–90

Wood, Elisabeth Jean: Sexuelle Gewalt im Krieg. Zum Verständnis unterschiedlicher Formen, in: Insa Eschebach/ Regina Mühlhäuser (Hg.), *Krieg und Geschlecht. Sexuelle Gewalt im Krieg und Sex-Zwangsarbeit in NS-Konzentrationslagern* (Materialien der Stiftung Brandenburgische Gedenkstätten, Bd. 3), Berlin 2008, S. 75–101

Zeidler, Manfred: Die Rote Armee auf deutschem Boden, in: *Das Deutsche Reich und der Zweite Weltkrieg*, hrsg. vom Militärgeschichtlichen Forschungsamt, 10 Bde., hier Bd. 10/1: Die militärische Niederwerfung der Wehrmacht, München 2008, S. 681–775

Dank

Von der Frage »*Haben Sie schon mal daran gedacht, auch anders zu schreiben?*« bis zur Fertigstellung des vorliegenden Buches vergingen zwei Jahrzehnte, in denen ich wiederholt ermuntert wurde, mit meinen Endkriegserlebnissen an die Öffentlichkeit zu gehen.

So waren es vor allem Prof. Dr. Dr. h.c. Ingo von Münch, der in langen Jahren unserer Korrespondenz und in Kenntnis meines Fluchttagebuches wesentlich zum Entstehen des Buches beitrug, wie auch Prof. Margarete Dörr, in deren Dokumentation *Der Krieg hat uns geprägt* bereits einige Zitate aus dem Original meines Tagebuches Eingang fanden. Neben ihnen gilt mein besonderer Dank Dr. Birgit Beck-Heppner für das Nachwort, mit dem sie in sachlich wissenschaftlicher Form meinen subjektiven Erlebnisbericht durch historische und völkerrechtliche Fakten ergänzt. »Last but not least« danke ich dem Herbig Verlag für sein großes Interesse an meinen Ausführungen und deren Drucklegung.

*Spannender Insider-Report über
eine fremde Welt*

Die einen haben einen Schlüssel, die anderen
nicht – diese zwei Kategorien von Menschen gibt
es im Strafvollzug. Regina Strehl gehörte zu Letz-
teren: Sie arbeitete 16 Jahre lang als Gefängnis-
ärztin, behandelte Betrüger, Mörder und Dro-
gendealer.
Welchen Zwängen die Insassen ausgeliefert sind,
die – stets bewacht vom Grauen Dienst, den Voll-
zugsbeamten – die bedrückende Enge ihrer Welt
ertragen müssen und Konflikten nicht aus dem
Weg gehen können, zeichnet sie mit klaren, ein-
dringlichen Worten nach. Dabei macht Regina
Strehl die Gefängnismauern transparent und
zeigt, dass nicht nur die Verurteilten, sondern
auch die Mitarbeiter Eingeschlossene sind.

Regina Strehl
Die Welt hinter Gittern

256 Seiten, ISBN 978-3-7766-2611-7

HERBiG   www.herbig-verlag.de

Durch die Hölle von Hoheneck

Ihr Verbrechen war, dass sie in den Westen wollte, dass sie Bespitzelung, Verrat, die Unmöglichkeit, Kritik frei zu äußern, nicht mehr ertrug. Nach der Entdeckung ihres Fluchtvorhabens 1972 wurde Familie Thiemann verhaftet. Aus Liebe zu ihrem Sohn nahm Ellen Thiemann die Schuld allein auf sich, damit der Sohn beim Vater, nicht im Heim, aufwachsen konnte. Damit begann ein Leidensweg, der die Autorin ins berüchtigte Frauengefängnis Hoheneck führte. Ellen Thiemanns authentischer Bericht ist ein erschütterndes Zeitdokument.

»Eines der aufregendsten Zeugnisse aus der DDR-Gefängnisliteratur.«   Die Welt

Ellen Thiemann
Stell dich mit den Schergen gut
384 Seiten mit Abb., ISBN 978-3-7766-5017-4

HERBiG   www.herbig-verlag.de

Kriminalfall Jekaterinburg 1918 und die verschwundenen Juwelen der Romanows

Der kaltblütige Mord der Bolschewiki an der Zarenfamilie hat sich gelohnt. Denn der Kronschatz und die persönlichen Juwelen der Romanows half den Kommunisten, ihre geplante Weltrevolution zu finanzieren.

Die Russlandexpertin Elisabeth Heresch hat anhand geheimer Dokumente neue Details recherchiert: Sie legt dar, welch fadenscheinige Versuche die kaiserlich-deutsche Gesandtschaft in Moskau unternahm, die Familie zu retten, schildert die kriminalistischen Ermittlungen – vom Beginn der Suche 1918 über den abenteuerlichen Fund der Gebeine bis zur eindeutigen Identifizierung 2008 – und beschreibt, wie die erbeuteten Juwelen schamlos zu Geld gemacht wurden.

Elisabeth Heresch
Zarenmord

256 Seiten, mit Abb., ISBN 978-3-7766-2612-4

HERBiG www.herbig-verlag.de